中国道教典籍丛刊

清静经集释

(唐)杜光庭　吕纯阳 等注

中央编译出版社
CCTP Central Compilation & Translation Press

图书在版编目(CIP)数据

清静经集释 / (唐) 杜光庭等注.
—北京 : 中央编译出版社, 2015.7(2017.7 重印)
ISBN 978-7-5117-2594-3

Ⅰ. ①清… Ⅱ. ①杜… Ⅲ. ①道藏 ②《清静经》-注释
Ⅳ. ①B951

中国版本图书馆 CIP 数据核字(2015)第 066476 号

清静经集释

出 版 人	葛海彦
出版统筹	董 巍
责任编辑	邓永标
责任印制	尹 珺
出版发行	中央编译出版社
地 址	北京西城区车公庄大街乙 5 号鸿儒大厦 B 座(100044)
电 话	(010)52612345(总编室) (010)52612371(编辑部) (010)52612317(网络销售部) (010)52612316(发行部) (010)55626985(读者服务部) (010)52612346(馆配部)
网 址	www.cctphome.com
经 销	全国新华书店
印 刷	北京毅峰迅捷印刷有限公司
开 本	880 毫米×1230 毫米 1/32
字 数	180 千字
印 张	10
版 次	2015 年 7 月第 1 版 2017 年 7 月第 4 次印刷
定 价	38.00 元

出版说明

《清静经》,全称《太上老君说常清静经》,相传为葛玄所传,是道教徒日常讽诵修持的重要经典之一。葛玄,字孝先,汉代丹阳郡句容人,后被尊为道教灵宝派祖师。《清静经》意在劝化世人常能遣其欲而澄其心,才能达到无心、无形、无物的常寂真静境界。《清静经》所传注本甚多,本次出版的《清静经集释》除将《正统道藏》所收注本全部收录外,还补以《正统道藏》未收的名家注本,如唐吕洞宾的《清静经解》等。

目录

太上清静经

清静经图注

清静经原旨

太上老君说常清静真经

太上老君说常清静经注

都梁参学清庵莹蟾子李道纯注

老君曰：大道无形，生育天地；大道无情，运行日月；大道无名，长养万物。吾不知其名，强名曰道。

才言可道，即非常道。既不可道，何以名道？咦，只这道之一字，已道了也。视之不足见，听之不足闻，搏之不可得，用之不可既。惟惚惟恍，不属声闻；曰希曰夷，无有定体。若作声闻，会不足以成；若作定体，求不足以应变。道虽无形，因天地生育，其形可见；道虽无情，推日月运行，其情可察；道虽无名，穷万物长养，其名可立。《易·系》云：在天成象，在地成形，变化见矣。非道之形乎？又曰，鼓之以雷霆，润之以风雨。日月运行，一寒一暑。非道之情乎？又曰，乾道成男，坤道成女。非道之名乎？道本无名，圣人强立名道者，通天下万变，归天下之殊途，坦平蓦直，大路之谓也。

夫道者，有清有浊，有动有静。天清地浊，天动地静；男清女浊，男动女静。降本流末，而生万物。清者浊之源，动者静之基。人能常清静，天地悉皆归。

鸿蒙未判，动静之理已存；清浊既分，动静之机始发。清而升者曰天，浊而降者曰地。天地一阖辟，一阴阳，互动互静，机缄不已，四时成焉，百物生焉。天地之性，人为贵，人于物之最灵。男法天，女法地，男清女浊，即天地升降也；男动女静，即天地阖辟也。天地絪缊，万物化生。降本流末，生生化化，而无有休息。太上始言无形、无情、无名，天地之始，次言有动、有静，谓有名万物之母也。若复有人知此两者同出异名，则知清浊本一，动静不二。流虽浊而其源常清，用虽动而其体常静。清静久久，神与道俱，与天地为一。

夫人神好清而心扰之，人心好静而欲牵之。常能遣其欲而心自静，澄其心而神自清，自然六欲不生，三毒消灭。

有道之士，常以道制欲，不以欲制道。以道制欲，神所以清，心所以静，至道与神炁，混混沦沦，周乎三才、万物，应变而无穷，至广大，尽精微矣。苟以欲制道，失道者也。失道之士，欲心一萌，无所不至，权利牵于外，念虑煎于内，心为物转，神为心役。心神既不清静，道安在哉？常能制欲则归心不动，归心不动则自然澄澄湛湛，绝点翳纯清，复其本然清静之大矣，何欲之有？《易传》云：山下有泽，损，君子以惩忿窒欲。其斯之谓欤？

所以不能者，为心未澄、欲未遣也。能遣之者，内观其心，心无其心；外观其形，形无其形；远观其物，物无其物。三者既悟，惟见于空。

太上云：清静为天下正。所谓正者，至公无私也。惟天理之至公，为能胜人欲之至私。世人所以不能造道者，非不能也，为物欲之所眩也。绝欲之要，必先忘物我。忘物我者，内忘其心，外忘其形，远忘其物。三者既忘，复全天理，是名大，即艮止之义也。《易》云：艮其背，不获其身，行其庭，不见其人，无咎。艮其背，即内观其心，心无其心也。不获其身，即外观其形，形无其形也。行其庭，不见其人，即远观其物，物无其物也。无咎即无欲也。太上云，咎莫大于欲得，即此义也。至于物欲见空，则清静之天复矣。

观空亦空，空无所空。所空既无，无无亦无。无无既无，湛然常寂。寂无所寂，欲岂能生？欲既不生，即是真静。真常应物，真常得性。常应常静，常清静矣。

攸攸万事不是空，一以贯之，终归无物。此遣欲之要也。以空遣欲，欲既不生，和空亦无。空既无矣，无亦无也。无无既无，湛然寂然。湛寂亦无，是名真静。湛然常寂者，凝神入空寂也。寂无所寂者，融神出空寂也。所谓真静，非不动也。若以不动为静，则是有定体也。有定体，则不足以应变。所以真常应物，真常得性者，动而应物而真体不动也。作如是见者，常应常静，常清静矣。

如此清静，渐入真道。既入真道，名为得道。虽名得道，实无所得。为化众生，名为得道。能悟之者，可传圣道。

寂然不动为体，感而遂通为用，是名真静。至于体用一源，显微无间，真常之道得矣。得之一字，亦是强名。若谓实有所得，则不足以为道。圣人惟恐世人不知有无相生之理，落断常邪见，故以得道委曲成全，使其积渐而至顿成也。至于嘿而成之，不言而信，圣道可造也。所谓传者，不传之传也。圣道者，圣而不可知之之谓也。

老君曰：上士无争，下士好争；上德不德，下德执德。执著之者，不名道德。

遵儒书不争之言，行释经无争之行，此一法出于无法，洞观冥契，是名上士也。下士则不然，下士之心好胜，常自满自见，是自矜伐，致争之由也。才有微善，执为己德，吾必谓之无也。上士返是，上士晦德以谦，自牧不自见，是不自矜伐。夫惟不争，故天下莫能与之争。太上所谓上德不德，是以有德，即此义也。执著之者，德尚不明，何以明道哉？

众生所以不得真道者，为有妄心。既有妄心，即惊其神。既惊其神，即著万物。既著万物，即生贪求。既生贪求，即是烦恼。烦恼妄想，忧苦身心，便遭浊辱，流浪生死，常沉苦海，永失真道。

下士好争执德，为有妄心，所以然也。古德云：常灭妄心，不灭照心。一切不止之心，皆妄心也；一切不动之心，皆照心也。妄想一萌邪正分，枢机一发荣辱判，可不勉哉！妄心不止，生种种差别因缘，至于涉秽途、触祸机、落阴趣，未有不始于妄心也。学道之士，固当谨始，始若不谨，焉得有终？妄念始萌，不自知觉，神为心役，心为物牵，纵三尸之炽盛，为六欲之扰攘，岂得不著物耶？著物之故，贪求心生。既生贪求，即是烦恼妄想，种种相缘无由解脱，至于忧苦身心，便遭浊辱，流浪生死，常沉苦海，永失真道，良可悲哉！所以妄想之心，轮回之根本也。众生所以不得真道者，为妄想心不灭，所以然也。

真常之道，悟者自得。得悟道者，常清静矣。

见在此身，亦从妄想中来。身生而后有情缘，情缘而后有忧苦。妄增缘起，直入轮回，前无始而后无终者，举世皆然。惟悟道者照心常存，照破种种缘相皆是妄幻，勿令染著。照心既存，妄心无能为也。久久纯熟，决定证清静身。作是见者，真常之道得矣。所谓照心者，即天心也；真常者，即无妄也。了悟此心，则有妄之心复矣，无妄之道成矣。无妄所以次复也。《易》曰：复其见天地之心乎？到这里，纤芥幽微，悉皆先照。至于如如不动，了了常知，至觉至灵，常清常静。真常之道，至是尽矣，圣人之能事毕矣。

太上老君说常清静经注

无名氏注

老君曰：大道无形，生育天地；大道无情，运行日月；大道无名，长养万物。

老君论其大道三无之德：一者，大道一无形质，而生育天地；二者，大道二无情性，而运行日月；三者，大道三无名相，而长养万物。如何是一无形质而能生育天地？言大道清而至灵，静而至虚，灵虚杳邈，自然之炁，故无形质。虽无形质，而能生育天地，此大道之德也。二无情性而能运行日月，言大道又无情性，自然之炁而运行日月，能照于万象，此大道之二德也。三无名相而能长养万物，言大道既无形质，亦无情性，而能生育天地，运行日月，又无名相之呼称，一炁潜通而化生万物。言此大道禀而行之。天地者，上至顶门泥丸宫，下至足底涌泉穴；日月者，上至左目、右目，下至肾；万物者，身中万神也。夫人之受身，皆从道之一炁所生，承天顺地，合化阴阳，父母生育，结成形体。是故一月为胞天，二月为胎地，三月为三魂，四月为七魄，五月生五脏，六月化六腑，七月明七窍，八月八景降，九月神降一万八千，内外相合三万六千精光。神降形具，十月满足而受生。故知大道无其形质，元炁而能变有形之炁。有形之炁者，元气也，乃八百一十丈。保而爱之，爱则身不败失，如大道无其形质而运其真精。养其肾精不败，而目自明。又知大道无其名字，而得真精之炁为其形。形为受炁之本，炁是有形之根。有其气而有其精，有其精而有其神。故知气者神之母，神者炁之子，子母不离，谓之得道。故曰大道无形，生育天地；大道无情，运行日月；大道无名，长养万物。人能爱形则养炁保神，则达真常清净之道。文中子曰：静以思道，清以修身。如此者，能清静矣。

吾不知其名，强名曰道。

吾者，太上自称也，亦是我也。太上言此大道，虽有三无之德，一无形质而能自然生育天地，二无情性而能自然运行日月，三无名相，自然长养万物，而我不知其的真实之名，谓上无复祖，唯道乃独尊，故且强呼为道。故曰吾不知其名，强名曰道。言物在杳杳漠漠之际而不知名，降而显之则有焉。名者道之用也。圣人用无名之朴治天下。文中子曰：用无迹之物而自化。《易》曰：神而化之，使民宜之。昔唐太宗治天下，臣服万方，以无名之化，不用威刑，而断死囚三百，天下无有犯于司狱。斗粟三文，道行千里，人不斋粮。此之道盛矣，而用其无名也。故太上云：吾不知其名，强名曰道。人之修行，初无其名，修之而有，其真人名也。

夫道者，有清有浊，有动有静。

道者，显其大道也。老君言，吾不知大道之名，且权称之道。虽无形质，虽无情性，虽无名相，而能潜通一炁。一炁之中，有清而有浊，有动而有静。修真之士，要体其道。体要清而返浊，神要静而返动。清浊动静得所，可谓道矣。故曰有清有浊，有动有静。文中子曰：时清则清，时浊则浊，时行则行。此之谓和光同尘，守清净之道也。昔唐庆元中，有猎者孙寿，居于海滨，以畋猎为生。有日，于大泽之中，忽野火所烧草木，连天烟焰，草木焚尽。唯有一丛草木茂盛，独不焚烬。孙寿疑而往之，乃见草木之中有道庵一所。孙寿推而入之，其里面有一老叟，年可七旬，惟于案上展经一卷读之。孙寿拜之而询曰：先生读者何也？老叟惊曰：何人至此？孙寿告曰：某乃一猎士，适来见炬火烧野皆尽，惟先生独燎不延。先生曰：吾居此庵四百馀年，未常见水火之变也。寿曰：先生早来诵者何经？先生曰：是《太上老君说常清净真经》。寿曰：何者名为《清净经》？居，吾语汝。夫清静者，道也，德也。故吾之宅清净者，吾之素也。清净而柔和者，吾之守也。清净应化而无穷者，吾之变也。清净而淡泊者，吾之德也。吾能守此清净，而变化无穷，又何惧火灾？时清则清，则浊则浊，时动则动，时静则静。吾能行此道，何惧火焉？孙寿闻道，乃弃弧矢而礼，授其经，悟其道，亦名于世。盖大道者，有清则有浊，有动则有静。

天清地浊，天动地静；

言大道至无，潜通一炁之中，有清有浊。清炁凝而上升，为天；浊炁流而下降，为地。故天为阳，阳好动；地为阴，阴好静。动者，天之炁也；静者，地之炁也。故曰天清地浊，天动地静。文中子曰：天清而安，地浊而结。结者，可与立也。天动而变，地静而宁。宁者，可与权也。此乃天清地浊，天动地静。此经念者还有验乎？答曰：昔唐时有白仁哲，为朱阳县尉，因差运米于辽东，忽逢大风起，四望昏黑而尽，波涛涌沸。仁哲乃惶怖不已。而忽于空中有人言曰：公念得《太上老君清净真经》，何不速诵？仁哲急念三十馀遍，只见金光从口而出，不久，风息浪静，同舟济者三百馀人，皆见金光从口中出。仁哲归家，舍其一任俸作黄箓大醮，设无遮大会，镂板印施真经三千部。仁哲寿年一百一十九岁，坐亡。是故《清净真经》之验也。

男清女浊，男动女静。

男者，阳也；女者，阴也。男阳清而主动，女阴浊而主静。此二品大底言阴阳，清而复浊，动而复静，故云男清女浊。此者乃太上再分大道，以混元一炁而包裹天地，擘襞阴阳，天主轻清则阳生，阳生则主动；地主重浊而阴生，阴生则主静。如此阴阳，因动静而交感，交感则元精降，元精降则万物生。《易》曰：天地絪緼，万物化淳。此之谓男清女浊，男动女静。修真之士，若能运肾中真水为婴儿，心中真火为姹女，使其真火下降，真水上升，此万神长守而不散。万神不散，长生久视，此之谓男清女浊，男动女静。文中子曰：天阳地阴，谓之阴阳，交而生万物，动静相合，此之谓男清女浊，男动女静。若看此经，而有验乎？昔唐高宗时，麟德中有窦德玄为官，奉敕使扬州，渡淮。船已离岸数十步，见岸上有一人形容憔悴。其德玄谓篙师曰：此人孤寒，与渡过。篙师撑船，却至岸，令此人上船。渡之至中，见其人饥色，德玄令左右取其粮食与此人餐而饱矣。乃济其岸，德玄上马而去，其人紧逐之行数里馀。德玄怪而问曰：汝乃何往？答曰：予非人也，某乃酆都之鬼使。今往扬州，追窦德玄。德玄闻说大惊，而下马拜曰：某乃德玄。遂涕泣请计，何能解之。其鬼使曰：君能诵某经否？德玄曰：平生长诵《太上老君说常清静真经》。鬼使曰：我怪有道气，慈心惟甚，有愍恤之德。谢公船中赐食之恩，且放公一月，其限罪我，即耽之一月之内，可诵经万卷，必有圣降。道罢，忽然不见。德玄忘食忘寝，专心而诵之。前后诵经三十日，其数已足，便回至家庭焚香再诵其经。彼使者复见于前，使者曰：公乃经数已足，其寿盖终。前者感君之饭恩，阴府怪责我违限之愆，背上决我三十。遂袒下衣。德玄看之，背上果有青赤之痕。德玄于是就枕乃卧，而绝其气，惟其魂魄，遂使德玄回顾，其尸卧于榻上，魂乃随使者出于北门。可行十馀里，见一大城。到城中，但见荆棘而已。又见一府衙公署甚严，门上牌曰：此乃酆都北府。其鬼使曰：我当先去，且等于门。候不多时，其使乃出。使曰：大帝因公降敕且喜言，次有紫袍官执笏言谢。窦德玄到，乃迎德玄至衙，见有宝殿，有王者执寒玉珪，使者甚肃，香案上有紫泥诏一道。王乃接之。德玄便拜。敕上金光奕奕，而起拜毕。公为上士，年至数十。常诵《太上老君清静经》，今为天官。酆都之狱，罪者各降一等，此阳间显报之事，可延一纪之寿。令使者送归。德玄拜王，王乃谢拜，令使送德玄至一宝殿。忽然而醒，德玄乃苏。开目起来，见家眷围榻泣之。家眷曰：你今死三日。德玄云：有此圣事。遂舍其家，缘入景灵观出家作道士，唯修清净之教。后十二年，有紫云从空而来。见碧衣童子引仙鹤一双，降于庭前，而谓德玄曰：请上鹤背，跨而去。遂德玄跃鹤背上，冉冉而升天。其异香一月不散。乃留诗一首云：人事纷纷百万端，蝇名蜗利不堪看。争如悟此清中静，功满升为天上官。论曰：动静相磨，阴阳相感，而万物相生。悟此道者升为天官。窦德玄知之矣。

降本流末，而生万物。

本者元炁。道生一，一者，元气为本也。末者，万物也。道生一，一生二，二生三，三生万物，大道之本。此句太上再序清浊、动静之理，言道生元炁，元炁降而本流，本流则万物生，故为末。此为降本流末，而生万物也。文中子曰：统元炁者天也，总元炁者地也。无形生养元炁，元炁无形，生养万物。故曰降本流末而生万物。元炁既降，流行为末。《易》曰，元炁降者，在天成象，在地成形，变化显见矣。在天成象，为悬象，日月星辰也。在地成形，谓山川草木也。故曰降本流末而生万物。庄子曰：至阳天也，至阴地也。而肃肃之炁，至于心火，乃水火既济，而养万神。故曰降本流末而生万物。或曰：看此真经，还有验乎？答曰：看此真经，须要救物度生。昔有唐时防州宋知玄，为青州司士参军。参军到彼，人言参军之宅大凶，有鬼怪妖异，住者十死六七。知玄自来好道，而心正直，兼少年好诵《太上老君清静真经》，深达其义，又能体而行之。遂不信：吾安居，何信此事乎？坚住其宅，乃修《吕真人诗》一首：金丹一粒定长生，须得真铅炼甲庚。火取南方赤凤髓，水求北海黑龟精。鼎追四季中央土，药遣三元八卦行。斋戒与功成九转，少持清静鬼神惊。知玄乃危坐，行其火轮罩体，红光满室，默念《清净》之经。至二更已来，忽见一妇人披发，而血污满面，立于前。知玄曰：尔乃何人也？妇人曰：我是嘟冤之鬼也。其人拜而哭曰：与妾为力。今日遇有道之士，而得诉事。妾本十年前，乃刘司士之妻也。夫奉命为使外国而不归，其弟乃逼妾私通。推而不从，因此被杀。以毡裹其尸于堂西北角，溷厕之中，不胜秽积。人来多欲陈告，人人怯惧，无其道气，见妾之形，心惧而死者多矣。公持此经，功德至大，仁慈，愿为悯之。知玄曰：吾初官，新上任，三日，当救汝，汝且灭。妇人遂灭。后三日满，使人于溷厕掘之其尺，不及。知玄是夜依前危坐，焚香诵此经。未及二鼓，其妇人复现。知玄曰：我令人求汝之尸，未获，何也？妇人曰：求之者，向北不及二尺，即妾尸也。明旦求之，以终其惠也。妇人乃灭。明旦使人于北求之，果获旧毡一片，而裹白骨一副。知玄再为诵《清净经》，以衣一袭，而选一吉地葬之。是夜，其妇洁衣净面，而再拜灯下。知玄曰：汝身既为人杀之，何以不报？答曰：前人在江州为司录之宫，其人自小能诵《太上老君说常清静经》，数年冥司陈告，终取不得。知玄曰：我与告彼官，使彼官修斋作醮，书篆黄箓白简，汝可生天。肯解此冤乎？妇人再拜曰：深相感也。道罢，其妇人遂灭。知玄来入假状于官，因得其假。遂乃里粮，便马径至江州，乃见刘司录。既见，乃以其事告曰：汝为司录，孰为此事？闻君唯持《太上老君清静经》，是有道心也，而行此事。岂不明有官法处之，暗有鬼神沫之。若不改过，冤业如何？刘司录闻之，大惊曰：谢公远来，蒙为纷解，安敢违命。乃整其家财，作黄箓大醮七日七夜，请道一百馀人，及印《清静经》一万本散施。是日午时，有一妇人，年可三十，牵一宝马，驼经万卷，乃曰：吾乘此经醮力，奉太上老君敕，使我入朱陵宫炼其真神，当为南宫列仙。吾在世长年，宋参军亦为列仙。道罢，冉冉升空而去。知玄与刘司录号为道友，求奉真教。知玄却回防州，至家，有青鸾下于庭。知玄乃焚香，遂青鸾冉冉而亦南去。留下一诗云：来生清净悟真经，拔罪扶危出罪刑。今日乘斯功德力，朱陵宫里炼神形。

论曰：修真之士，乘斯功德，体道行功。识降本流末之义，知万物化生之因。扶危拔困，救厄解冤。有此清净，行此慈悲，岂不为南宫列仙也。南宫列仙之位，宋知玄得之。此者能悟降本流末而生万物也。

清者浊之源，动者静之基。

清者，一炁也；浊者，万物也。动者，神也；静者，形也。太上言道以一气为万物之祖，祖为源也。人神以一形为舍，故舍为基本也。形不得神不能动，神不得形不能存。神为主人，形为舍基。此二句大底言道炁为万物之本，分其清静。清者元气，浊者万物之形也。人能以神动保固其形，故为万物之基源。故云清者浊之源，动者静之基。白云翁曰：不浊无以见其清，不清无以见其浊。无一炁而不能生万物，无万物不能分一气。故曰清者浊之源，动者静之基。文中子曰：至清则见浊，此清者浊之源；至动则思静，此动者静之基也。修真之士，以一气养神，故清；以五味养腹，故浊。则神要动而顺，形以静而安形，此乃清浊动静之道也。此经还有验也。答曰：昔唐人袁通，天水人。自幼年好道，专诵《太上老君清静经》，日诵七七遍。年至二十，被禄山驱为军战，忽失阵而败，袁通乃走，不知来路，遂于山丛之间不得食，其困不能兴，唯诵此《清净经》，无力可诵以待死。忽有一碧衣童子，持一盂饭来与食之。袁通食之，其香味不可名状。食其满足矣，其童子曰：真人以清气养其清腹，凡人以外物养其浊腹；真人以气运神而安其静，凡人以乱神败精而乐其形。汝自幼好道而能坚，至念《太上老君清静之经》，已有道果，太上而使赠也，从兹以充餐，用神为道，更不食矣。乃今黑簿落名，朱陵排号，清净之道更不虚矣。道罢，忽然不见。袁通从此不食，乃得六通之慧，至于宋哲宗之朝犹在。唐玄宗时事，五百年间，面若三十岁许。常游洛汭之间，唯只念《清净》之经，人不见其饮食。人呼之清净先生。若人有患，不唯远近之疾，以手摩娑，人皆无有不愈者。后又被人呼摸著效。后至汴京门外，高声曰：你待乱，我不乱；你待浊，我不浊。你东西，安能活？从得道，五百年，斩却邪魔神快乐。乘云驾鹤背，朝玉帝天宫，永住逍遥阁。道毕，自有仙鹤从天而飞下。先生急上鹤背，冉冉乘云而去。人皆俯仰而瞻之。从空坠下纸一张，其上写曰：清净道生，道生数十律。论曰：大道者，视之不见，听之不闻，而天下莫能知，莫能行。虽不知不见，修之者实有道焉。太上曰：吾言甚易知，甚易行。故道降而为元气，清而为浊之源，动而为静之基。一清一浊，而通大道。故袁通能至诚，悟《太上清静经》，终为上升而列仙，宜乎哉！

人能常清静，天地悉皆归。

天地者，乃大道之子孙也；人物者，大道之苗裔也。太上言人能禀大道之祖气，使身心之虚灵，神气之清静，如此能体其大道也，与天地合德。故天地自然而从顺，悉皆归依也。故曰人能常清静，天地悉皆归。行清静之教者，《易》云：与天地相似，故不违。言修真之士亦要清静无为，体大道真常之教，穷万物之性，能知鬼神。是以天地相似，所为所作，故不违于天地，悉皆归顺矣。故曰人能常清静，天地悉皆归。文中子曰：能清静者，与太极同德，与天地同邻，与神道并行。能为此者，天地尽皆归也。如此者，有验乎？答曰：昔唐庆历中有韩侍郎坐运州，有女年二十六岁，适左司员外郎王珪。珪乃上官，其妻韩氏有妊娠，在父母家。至日早离夜至三鼓已来，于西北角有其声。左右侍婢皆睡，唯小娘子韩氏不睡，见一将军披戎衣，执金铰，乃曰：吾晋朝韦将军，于此居数百年，尔敢于此处作产居，血腥之气触吾。若三日不移，杀汝。其记之！韩氏曰：愿移之。遂灭。达旦，令侍婢报知韩侍郎。侍郎曰：妇人真气虚弱，乃胡见之，安有此乎？不肯移之，唯添侍婢相伴。又至三更已来，其将军复现，侍婢皆见之，惊而走。其将军乃叱之曰：吾道与汝，何不移之？来日不移，必杀汝矣。韩氏曰：告将军息怒，来日必移。其将军不见。达旦，侍婢乃以小娘子之言哀告韩君，韩君曰：产妇未满七日，安敢移动？妇人血气虚而胡见乱言。答曰：侍婢亦见。韩君曰：妇人之辈皆信邪。坚不从之。至夜，其韦将军又现曰：吾三次语汝，汝终不肯移。韩氏及侍婢曰：故诉于侍郎，侍郎执性不肯移其宅。将军见不移，怒从心起，以其铰于韩氏心上，其一铰，韩氏只叫一声，遂殒。其父执一剑而径至。其父哀恸不已，父母甚慈，泣之，以飞书报其夫。夫闻之，大恸，而不顾差使，而归至寺庄镇西十里，见一妇人遥远而来，其近，乃认是妻也。王珪忽然下马问妻曰：何由到此也？其从皆见。妻曰：妾为晋朝韦将军所杀也。今日此屈无由申诉。尔为大丈夫，不能避一妻子乎？遂哭。珪乃大恸，欲近前行。妻曰：人鬼异路，不可近妾。我闻此镇有田先生，自小念《太上老君清静经》，行此之清静无为者也。此能剪馘鬼神，有通天之德。故曰人能常清静，天地悉皆归。斯其以报妾之冤。其先生在此镇。珪谒先生，具以前事实告，先生然：吾为汝上祷玄穹，下达后土，救汝之妻。遂引王珪至于别室中。田先生一鼓已来，披朝服，执玉珪，把香一炉，合目跪之，点灯七盏，念呪启祷。忽然室中有一天丁力士曰：奉天之敕，入于幽府。会其力士放下敕，忽然不见。先生曰：我今奉天帝之敕，与汝同往地府，令捉韦将军。先生取净席一领，使王珪卧于席上，迷而不省。先生于傍坐出神，引王珪神，二神相引出门。乃行数里，见一大城。天色昏暗，左右铁衣兵吏皆执戈戟，见先生，尽皆倒戈唱喏。既入其门，有朱衣吏急通报，又数十人皆见先生，亦然仰启，只闻言：田真人至。俄顷有绿衣童子，皆执旌节，迎一人，衣龙衮服，戴远游冠，执寒玉珪，道之曰：乃酆都大帝。见田真人，相揖动问毕，使真人前行，让礼如凡世。鬼使问王珪曰：尔乃何人也？珪曰：我乃田真人从侍也。鬼使更不问。既上其殿，真人与帝对坐，先生展敕现帝视之，王珪等一齐贺敕。王珪阶下立不多时，碧衣童子传曰：游奕将速于阴司，捉取晋朝阴鬼韦将军去。有一人黄金锁子甲，手执大剑，应喏，俄顷间报曰：捉到阴鬼韦将军。王曰：擒来。见数人申衣兵吏，传一人头至阶前曰：汝数年阴鬼。汝在世之时，杀害生灵太多，更害平人。韦将军曰：某数次祷他不肯移之，某一时之怒杀之。念某晋朝勋官。帝曰：阴鬼尚敢杀害生灵，何言汝有功勋？可决铁杖三百，配北阴山千年而放。左右捽缚付地，背上决铁杖三百，号叫之声，不能忍之。决毕，有一吏曰：奉敕押至阴山。王问韩氏游处。左右曰：如何在此。押过来于东廊下，乃韩氏，软拜于王，王问左右：如何？左右曰：其舍以坏，可令借身托生。判官乃检簿，韩氏合寿六十六岁，更有四十年寿。即目青州王官人女寿娘，合年二十六岁命终，可令韩氏投尸于寿娘还魂，遂准奉行。王请先生离，王珪亦随之未，忽然而觉。先生曰：官人将谈此是秘。王珪重重拜之，先生曰：何直游至此也？先生曰：我能持诵《太上老君清静真经》，能依此行之，所以与天地合其德。人能常清静，天地悉皆归。尔到家，速于青州王官人家认取汝妻。王珪辞先生而去。在路速到运州，其妻韩氏已殡矣。径往青州王官人家，认其妻子。王官人女寿娘死经三日，再活，却言：我是韩侍郎女，现今我父为运州知州。说其所以，未罢，王珪至入王官人宅，见寿娘，便言：王郎来也。其声音全不似寿娘往日声音也。王珪曰：寿娘只是韩氏声音也。具说其辞因，王官人乃入运州，见其父母，与向日女之音无异。二人猛悟大道，而尽其家财，雕造印经十万馀卷，散施四方，作罗天大醮而谢天地。毕，其王珪与妻再往寺庄镇拜谢田先生。到彼谢毕，先生曰：汝可与妻同修。王珪依言，休官不任。王珪挂冠裳，作道士，居长安福德观；韩氏作女冠，居玉京观，各寿一百二十岁而殒。论曰：寂然不动，感而遂通，清净无为。田先生遵太上之经，行天之法，上感穹苍，下通后土，使天降敕北帝评冤，可谓人能常清静，天地悉皆归。

夫人神好清而心扰之，人心好静而欲牵之。

夫人之生也，本乃神清心静。及其长也，为情欲所牵如此者，欲生也。故欲字从谷、从欠，谷者无漏之称，欠者不足之号。神有所爱为之情，心有所欲为之贪。亢仓子曰：水性本清而不得清，为土浑之；人性本静而不得静，为事汩之。汩者，乱也。太上言此二品，夫人神本好清静而不得清静者，为心不能体清静之道，心有爱恋之情，故扰乱之，心不能得清静矣。夫人神好清而心扰之。心元本好清静，而所以不得清静者，为心中有好欲之贪而牵引之。故曰人心好静而欲牵之。文中子曰：靡者常乐无求，贪者常忧不足。靡者常乐无求则神好清，心好静；贪者常忧则不足，心扰之，欲牵之。白云翁曰：欲者，贪爱之源，奢淫之本。若人能禀此清净之道，神必清，神清则心不能扰之，心静则欲不能牵之。或曰：看此经者还得神磨而心不扰，还得心静而欲不牵，有验乎？答曰：昔唐懿宗皇帝有女号曰同昌公主，娶韦驸马。公主欲其宫嫌不自在，帝乃赐一宅，奇过王宫，金楼玉阁，赐内库钱五百万贯。公主心中不足，重奏曰：无宝货也。皇帝罄内库之宝以实其宅，至于房栊户牖，无不差珍异宝饰之。又以金银为栏药臼、食柜、水槽、金铛、金盆瓮，以银丝为笊篱箕筐，以水晶、琉璃、玳瑁为床榻，以金龟银鳖，又琢五色为合盘，百宝为圆案。公主尚起欲心，又奏无米麦。皇帝开内库，将到金麦银米五十斛赐与公主。又奏曰：堂内无坐室帏幕。于是帝又赐公主连珍帐幔，缀珍珠为边。又赐与公主寒温药一把，冬悬即暖，夏悬即凉。

又赐公主九鸾宝钗一只，每戴之头上，有九色霞光。公主每出，乘之七宝车驾，四面缀五色玉，香囊贮辟寒香、辟邪香、辟尘香，皆别国之贡也。其辇上以杂宝龙脑，金屑刻镂，水晶玛瑙等盘为龙凤瑞，四面缨络、珍珠装缀于辇上，周围之顶用碧玉莲花，上缀金珍一颗，珠上霞光高三尺，四面用金丝挂玉流苏，其中自然有天乐之音声。每一出游，香风满路，馥郁芬芳，奇香半载不息，珠光灿烂，荧荧照耀。往往看之者唯见其目，不见其端。公主富贵甚极，尚有不足之心，意想皆不及蓬莱之境，因此而病。公主居于大内，自小常念《太上老君说常清静经》甚谨。公主召医官至，乃米宗为治之。至晚，与香腊烛二寸，使米宗归之。其香气酷烈异常，而散于四邻。或有人登门而问之，米宗以实言之，是其烛香也。烛长二寸，被五色文，卷之而爇，至于天明，不尽香气，三二百步闻之。其烟上结成华盖楼台之状，仙花朵朵而奇异也。公主疾甚重，令左右取《太上老君清静经》，于碧玉匣中取宝香名为通天之香，焚之，念此真经。未及一七遍，有朱衣使二人曰：府君请。公主曰：我乃帝王之女，安能坐邀我？令左右执之，左右弗应。其使曰：乃阴府之事，何管帝女。二使以手拽之起，公主叫左右，左右无救，被二使驱拥而行。似出长安北门，行数里，公主害脚痛，不能行。一使曰：我取马一疋。须臾牵马，引白马一疋。阴暗之中行百馀里，前到一大城中，亦有人烟。公主曰：我乃饥也。吏曰：此中食皆焦豗烂心，不可闻见之。须臾，风吹复初如故。公主掩目不敢睹之。又见数十男女，脱衣露体以火烧铁锌通红烙其身，流血满地，皆成血泥。公主问吏曰：此人何罪，受其苦痛？吏曰：此人于阳间乃奢佚之罪也。公主惊曰：我还如何？吏曰：亦复如是。须臾之间，有鬼吏，头生两角，手提铁槌曰：公主脱衣。公主曰：我乃帝王之女也。鬼曰：此间不管帝王女，脱衣。公主知不得已，而乃脱其冠服，默念《太上老君说常清静真经》一卷。其鬼吏曰：疾脱衣。公主念经，又脱一件。其鬼吏遂以手揽其衣。公主身如热油沃心而痛，又急念之，至三毒消灭之处，忽然见金光一道，其鬼吏尽皆乘空而礼拜，见一真人乘紫云而下，乃太极真人也。太清宫中闻念《混元老君常清静经》。自念经一卷，已达三清之境，太上老君使吾下降幽狱，赦宥罪人。公主至心礼拜真人。公主曰：是弟子念经来，是当今懿宗皇帝女也。真人曰：犯何罪而至此？其鬼吏曰：犯贪欲之罪。须臾，众鬼吏曰：乃酆都大帝。皆礼太极真人也。其太极真人身放光明，照耀幽狱。真人谓其帝女曰：不可有欲，罪莫大于欲。欲者，淫乱之本也。罪莫大于贪，贪者，借妒之源也。谓重也。小则灭身，大则亡家。世间不悟道者，不达清净之理，不知恬淡之机，唯知醴肴以充其口，富贵以荣其身，而顾其甘口之食，是伤命之斧，富贵奢华，惹怨之机。既有其怨，岂不入地狱？而何不虚无清净、慈惠忠信、孝敬和顺、谨俭柔弱、清洁则与道同也。无顾奢华守寂淡。奢华者，地狱之因；谨俭者，天堂之本。真人谓公主曰：吾救汝，阳间能改奢华之欲否？公主再拜曰：能改。真人曰：吾有五戒十善、六斋三会、五腊五忌，汝能行之？公主曰：能行。真人曰：能持则为天官，不能持则为下鬼。真人曰：五戒者，一不杀生，二不嗜欲，三不口是心非，四不盗物，五不淫乱。十善者，一孝养父母，二忠奉君师，三忘心万物，四忍怒防非，五止争解恶，六损己救穷，七生养济人，八道边义井植树，九为人兴利除害，十赞三宝经，为人解说，常生善念。凡人常行此五戒十善，别有天人善神卫护，永免灾殃，长臻福祐，唯在坚诚。而公主曰：何名六斋？每月初一日、初八日、十四日、十五日、二十九日。公主曰：何名十斋？每月初一日、初八日、十四日、十五日、十八日、二十三日、二十四日、二十八日、二十九日、三十日，此十日乃十方救苦天尊救度地狱三涂五苦应诸等众罪魂。公主曰：何名三会？真人曰：正月七日迁举上会，七月七日庆生中会，十月五日建生下会。公主曰：何名五腊？真人曰：正月一日天腊，五月五日地腊，七月七日道德腊，十月五日民岁腊，十二月王侯腊。公主曰：何名五忌？真人曰：一忌甲子太一真君录入罪犯，二忌庚申三尸言人罪犯，三忌本命星官计人功行，四忌八节八神计人善恶，五忌三元天地水三官录人罪福。太极真人曰：遇逢此日，可设醮修斋，持经供养，以祈求景祐。公主再拜礼真人曰：一一遵依道旨。真人乃放光明，照其幽狱皆得生天矣。敕使碧衣童子，引公主速归。真人乃升天而去化。北阴酆都大帝、一切鬼神皆大欢喜。其碧衣童子引公主至一金门已，推而入，其公主忽然惊觉。公主身在碧牙床上，盖其锦被。公主开目视之，见驸马、宫人在侧，乃围而泣之。公主拥被而坐。宫人曰：公主睡多时，不敢惊动。公主曰：富贵乃若石中燧火，荣华如水上浮沤，时光有若南柯一梦。其病顿愈。公主乃入宫内奏帝，所有珍宝尽数还纳于内库，乞身归道。帝曰：何也？公主具说阴府之事，一一奏帝。帝乃欢喜，依公主所奏，以崇仙坊金仙观改为玉真观。公主自入观之后，而不出观门，虽有贵戚、驸马亲等，公主令人监门，并不能得见公主，每日唯念《太上老君说常清静真经》，不曾惰慢。至三年后，复见真人于红光之中，乃谓公主曰：上升至近，证为天仙，火急修为功果。道罢，不见。公主乃建黄箓大醮。至上元十五夜，鸾鹄自天而降，月华如昼，香风馥郁。其鹤至于庭前，公主乘鸾背，冉冉登空而去。遗留下《唐多令词》一阕云：性命两如何，奢华勿太过。守贞廉谨俭安和，以己方人无横祸。叹缘分，少贪多，也啰。击破是非窝，敲开名利锁。澄心取性且蹉跎，暗想高低哀与乐。猛省悟，若南柯，也啰。人皆具说，人人皆写其词，京师乃为供养。此者同昌公主悟此《清静真经》乃为验乎！故曰：夫人神好清而心扰之，人心好净而欲牵之。

论曰：能守清净者，贪欲不能移，险阻不能危；不以禄位惑其志，不以贫贱改其心，不以毁誉度其色，不以荣华乱其神。同昌入梦酆都，感太极真人说戒，能受之，猛舍富贵而甘其寂淡，三戒行周备，可为仙人也。

常能遣其欲而心自静，澄其心而神自清。

欲者，流浪之相；澄者，定水之相。此二句是太上再言去爱舍欲之心。若能去爱，不生情欲，而不起贪心，则神自静而心自清也。若能流浪之爱想而心息，又若更能澄心如水定之相，则皎洁不动。皎洁不动则神自然清静。故云常能遣其欲，而心自静，澄其心而神自清。文中子曰：舍其所争不争，乃遣其欲而心自静。万物所弃则无贪，无贪则心自澄矣。能澄心者，其神自清。如此者，亦修真之士不亦悟清静之道也。白云翁云：君子以清静洗其心，小人以贪爱移其心。是以圣人常能遣其欲而心自静，澄其心而神自清。刘子曰：神者，心之主，是故神静而心和，心和而形全，神乱而心荡，心荡则伤其形。先理其神。故以圣人以恬和养其神，和者，去嗜欲也。如此则以和养其神则安于内，清思栖心则不诱于外，神和心清，形无累矣。无累者，则因遣欲者也。故云遣其欲。问曰：自古人能遣其欲？答曰：有之。昔有南史时宋帝朝，有宰相元田夫有食欲之心。国朝有事，不唯大小，须要财帛而后行其事。偶因街下二人，因醉而争淫滥之事，而杀死一人。田夫语于杀人者：汝能出绢千疋，可令汝活。其人出绢八百疋。田夫曰：未能可免。被杀之家闻之，某愿出绢一千疋，可使此人偿命。杀人者怕死，出绢一千二百疋，被杀之家无绢可酬，乃断判醉而有误，可决六十而放之。百姓无处告论，民受其屈者多矣。征敛无度，家中修楼阁庭台，用其金碧千有馀间，制过王宅。美女盈庭，皆国色者。每一食，可费用钱百贯。朝欢暮乐，又好黄白之术，多取其利。忽有道人立于门前曰：能黄白之术。田夫闻之，急令人召至宅。田夫见之，降阶而揖之，问曰：有何术教予？先生曰：愿求一醉。田夫曰：不见其术，先要我酒饮得，非欲乎？先生曰：想君回生作死，回死作生，率敛无度，屋宇千间，金玉满库，美女千人，淫欲至甚。又求黄白之术。汝孰欲过乎，而谓我欲也。田夫被先生责之，而怒曰：尔乃何处野人，焉放触我。令左右执之。忽然不见。乃遗《点绛唇》词一阕云：富贵荣华，高官一品功勋大。由自贪爱，待铁打亭堂盖。家计方成，堤备阎王怪。如何奈，怎生得解，难免诸人债。田夫见而闷闷不乐，归小阁中。忽于睡梦，见一块黄金，田夫喜而自取，身堕地下，冥冥而去。忽见甚明，田夫觑时，睹数百人戴其桎梏，或挤或昂，以大石压身者。又见一牌上写贪爱之狱。忽见一白衣人披发而言曰：相公来何晚矣？等侯相公多时。相公曰：尔乃何人也？其人曰：我乃被杀之人也。相公受绢一千二百疋，不令偿命。只要相公还我命。以误杀数百馀人，叫相公将我金来，并珍宝等。田夫惊而走之，众人拽住，为索其债。又数人抬一巨石，长三丈，厚五尺，但压相公。然后左右拽倒相公，欲抬其石压之。或有一人喝住：且休压相公，其人寿数未尽，更有六年之寿。相公觑时，乃是献黄白之术者。遂引田夫于狱中坐一太石。先生曰：吾太白星君也。相公官居一品，不积德行，唯有心贪意欲，是祸之本也。相公曰：今日深谢先生相救，粉骨难忘。先生曰：相公自来曾念甚经？答曰：曾念《太上老君清静真经》。先生曰：怪然有道气也。是经云力能过吾也。相公何不闻经内常能遣其欲而心自静，澄其心而神自清？相公曰：居，吾语汝。夫耳目诱于声色，鼻口之于香味，肌体之于安适，皆出于欲也。此欲若不遣之，则精神驰骇而不守，志气縻散则耗五脏陷而不能安。嗜欲连绵于心腑，蔓衍于荒淫之浪，留连于是非之境。如此者，而不以财德倡生，盖以寡矣。是以圣人清目而不视，静耳而不听，闭口而不言，弃心而忘害，贵身而贱物。故尊势而忘动，乐道而忘贪，故厚利而不能容身而处，适情而游。一炁浩浩，盖首于故养形而性自全，心不劳而道自至。先生曰：相公旦夕宜千万省之。田夫辞先生。而有唤元相公，相公觑时，乃被杀人赶来，相公乃蹶倒及地。忽然惊觉，冷汗流体，心怖而不已。是时田夫猛省曰：财者祸之源，贪者罪之本也。遂已解印休官，出宝库之财赈济贫穷，深闺之妓使嫁良人，施其宅舍尽作宫观，身脱罗衣而穿布素，口餐糲食，顿吃淡饭，每日唯念《太上老君清静真经》。遵而行之十年之期，忽见本来梦见者先生。田夫见而礼之。先生曰：进道数年，甚有劳乎？今已释冤债，但无可以升于仙路。真遣欲忘贪之人，乃澄心养神之侣。今已朱陵挂号，碧落标名。还与神丹一粒，可吞之。先生曰：已不食矣。故《仙经内传》云：饮食不止身不轻，声色不止神不清，思虑不止心不宁，心不宁而神不灵，神不灵，功不成。其要道也，不在瞻星礼斗，苦己劳形，唯在方寸，湛然无所。神仙之道，永保长生。故道者，即修心者也。老君曰：道以心得，心以道明。心明则道降，道降者神明则在身也。如油火在卮，明从火起，火因油在；炷因油润，油借卮停。四者若废，明何在焉？亦如明缘神照，神托心安，如形有心，道全一物，不足何依焉？所以为之神明。神明者，目见、耳闻，意知心觉，分明物理，玄微悉析。此为神明，切宜记之。朱陵宫相候。忽然不见。田夫乃依龙虎相交，阴阳间隔，五行离合，水火既济而修之，乃筑环墙而修之，炼更三年，通前一纪之数。至重阳日，田夫乘空而去之。后人推墙开门，看之而不见田夫，唯见《清静经》一部，案上花笺一幅词，《寄唐多令》云：性命两如何，根元牢闭锁。守阳魂、阴魄尽消磨，运火周天烹大药。向海底，看红波。也啰。贵贱片时过，荣华一掷梭。待三千功满行成，合骖鸾凤游碧落。朝玉帝，应仙科。也啰。

论曰：杳杳冥冥，其中有精；恍恍惚惚，其中有物。自先生有元田夫，遣其欲而心自静，澄其心而神自清，心静神清而自至，此之谓道。至若无修之实有，今已身超碧落而拜玉帝，可谓得道矣。

自然六欲不生，三毒消灭。

六欲者，六贼也。何名六贼？六贼者，眼、耳、鼻、舌、身、意。三毒者，三尸。何名三尸？三尸者，上尸彭琚，管人之上丹田，使人好华饰之毒；中尸彭质，主人之中丹田，使人好食欲、嗜滋味之毒；下尸彭矫，主人之下丹田，好淫欲疾妒之毒。上句言人禀道，常能遣流浪之相，而心自静，澄其心，如水定之相，神自清也。太上言，若人能心静神清，自然六欲不生，三尸不为，三毒乃消灭。故云六欲不生，三毒消灭。文中子曰：君子之学则进于道，进于道者，自然六欲不生，三毒消灭。小人之学则进于利，进于利者，则六欲乃生，三毒不灭。《易》曰：君子以恐惧修省。故六欲不生，三毒不起，则自消也。何人能六欲不生，更得三毒消灭？答曰：有之。昔唐贞观年间，有一人名沈会，因有欲心，取受民财，事发配于竹兰。日夕常念《太上老君清静经》罢，面望泰山而礼拜，言曰：惟愿得还乡里。有东岳泰山府君之子，乃炳灵公也，因游西岳赴会，回见沈会念《清静经》，灵公乃于虚空之中言曰：其人不可得也。回东岳语于府君，府君曰：善哉。令使取沈会于偏阁之中，坐时，天色正午。见朱衣吏曰：府君召汝足下。沈会曰：那府君？吏曰：乃东岳府君。沈会大惊，急取章服，与吏同行，至于城外。其吏曰：即今脚下，至泰山三千馀里。沈会曰：何能得到？其吏曰：此间借一疋马。沈会只于树下等候，其吏入于庙中，须臾牵一疋青马至，但小如驴。吏曰：乘马可紧合目。沈会上马，合目，急如猛风。吏曰：开目。乃见一城，遂入其城。近城只多荆棘。又至一府衙，左右皆铁衣卫护。其吏乃牵住下马，引沈会入于府衙。兵吏乃问曰：何人也？奉府君敕，故取之入于第三重门。吏曰：官人但于此候，容某先入报之。吏既入去，不多时，有一通引官出曰：府君召沈会官人来。沈会急随而入之，乃至于一宝殿，四面皆珠帘绛幕，榜其殿曰朝曦之殿。其吏止沈会于殿下，左右皆金甲鬼兵侍卫。有二碧衣童子乃轴其帘，见一人正坐，戴远游冠，衣青色盘龙衮服，手执寒王珪。傍立一人，是金蛾帽子，茜红，系蓝靛玉带，年可二十许。令碧衣童子请沈会上殿。沈会上其殿，战战兢兢，步不能移。碧衣童子策上殿，沈会拜之。府君约拜，令左右取榻赐坐。府君曰：凡人为恶，不为人诛，必为鬼戮之。汝昨有至欲之罪，而得此报，故有责配之报。汝能念《太上老君清静经》，一年之间，诵之万卷之馀，其德甚重，至能拜礼于台，奉大帝之敕，不令汝入于轮回之路。汝念此经而能诵之，若通其义，依而行之，乃与人讲论。若化一人归道，其功以加焉，不为上仙而为神仙，不为神仙而为地仙，不为地仙而为鬼仙，安能入生死之路？语毕，有一鬼官著徘衣，乃铺文字于案上，而指之曰：有慕仁轨执笏殿下，乃沈会之姑夫也。沈会回面而不敢顾。王曰：汝既为官，任东海郡牧，而不能清白治化于民，却生贪欲之心，杀平人阿赵。其慕仁轨曰：不敢。王唤取被杀阿赵来。遂于东廊下唤过阿赵，身著白衣，披发，年约三十。阿赵曰：有阿婆年七十有馀，因老病而死，有小姑欲夺其家财而妒谋新妇。婆有郡主慕仁轨于小姑处，得金百两，以凭小姑所告而受其情，便将新妇断处死。有此冤屈，望府君裁断。其仁轨讳之曰：是此妇人实杀阿婆。王令左右将过业镜照之，仁轨实受其金，枉断阿赵。仁轨难讳。王曰：过莫大于欲，祸莫大于贪，罪莫大于杀人。汝三愆俱占，安可赦乎？令左右将来。见二鬼扶一铁床放在殿前，令仁轨脱衣。未脱之间，其鬼以挑其腮，其腮火著，已烧半面，其身自脱，乃扶于铁床之上，以铁钉钉其身，有火焰于床下自著，苦毒之声不可见闻。卧移时方罢，已见其体烧作焦灰。须臾，又有一鬼吏手执一扇，乃曰：慕仁轨。乃扇一扇，其体复故。以铁枷枷之。沈会乃越席而起曰：此人乃某之姑夫也。还能救之？王曰：冤枉争夺，损人性命，何由赦之？炳灵公曰：除此妇人肯罢则休，除阳间作大功德，祈万圣，祷千真，除太上老君有此飞诏，先令含冤者上登云路，即证天界，方可免。沈会曰：臣使慕仁轨改过前非，除其六欲，不生三毒，启建太上罗天大醮、天尊赦罪之科。赵氏生天，而免仁轨苦乎？王曰：如此者可。仁轨数未尽，更有五年寿。唯摄二魂归阴府受罪，一魂在阳间守其形。形体亦有恶疮，疼痛不已。受五年数足而死矣。今归地府受罪毕，然后为猪、为羊，或为人道，遭其刑法而处死。沈会闻之，速念《清静》之经，府君恐震地狱，乃曰：汝且可归，无生贪欲之心，莫起三毒之意。谢礼念非有天恩赦之。汝归乡，即于仁轨处劝少生贪欲之心，乃可也。一吏曰：送归沈会。沈会下殿，拜别府君而退。吏曰：紧随我后而回。乃过一河。过其河，大作一声，沈会大惊而觉之，冷汗流体，见家中人围之，而皆哭泣。沈会举身而起，家中人语曰：你今死三日，唯心头微热，游气不断。沈会乃抬身瞻仰曰：有如此阴灵乎！谓众曰：勿得起贪欲之心。依前谨念真经，后三日果有皇恩，大赦天下死刑、徒配边流，得免其罪，普得还乡。是时沈会乃去东海郡，有姑夫慕仁轨果然卧疾，乃三月，遍身疮疖，浓血满床，疼痛不忍。时仁轨见沈会，大喜曰：我一月前梦见汝救我。乃说地府之事，一一合同，遂乃省其过，乃作黄箓大醮，命羽流三七员，而造《太上清静经》一万卷，散施十方道友。又结清静之会。功德既毕，其日午时斋罢，于空中有妇人来谢曰：感君大醮功德之力，妾已生天，上升云路。乃留诗一首云：几年冤业不曾伸，今日蒙君设醮筵。六欲三毒俱尽灭，却承功德上青天。沈会望天而礼谢。未半月，慕仁轨疮疾尽安，形体如故。沈会以《满庭芳》词劝之云：六欲难消，三毒不灭，贪求狡行忙忙。一朝数尽，谁肯替无常？富贵堆金积玉，临行后，一物难将。伤心处，从前恶业，自家当思量。何计，免酆都罪责，无由商量。恰如冬瓜，秋后著霜。奉劝吾人猛省悟，清静快乐之乡。功成就，朱陵宫里，澄净炼真阳。仁轨闻之，阴灵如此之验，岂忍不避乎？乃留诗一首云：思量伶俐不如憨，六欲三毒莫强添。采得百花成蜜后，不知辛苦为谁甜？沈会云：流年如电掣，争忍不修行？遂乃屈指而大哭泣。二人便乃弃家计，休官解印，同往天台山，折诸茅草，盖庵而坐，日诵《太上老君清静经》三百遍，修行年至九十馀，皆得道矣。

论曰：情欲之至，如水火也。烟生于火，水出于冰，烟微而火盛，冰泮而水通。真人云：人以欲爱养身，养者如愚人养鱼乌也，见天之寒，鱼则以汤之中，乌干火林之上，水火所以养鱼乌也。养之失理，必至于声色所以悦人，悦之过理，还以害生。沈会、仁轨二人以爱欲在身，一为配者，一为死徒，乃猛悟，休官入山修行，行清静之教，舍恶从善以得道，岂无验乎？

所以不能者，为心未澄、欲未遣也。

太上再复上句之义也。言人欲所以不能遣者，为心未澄，欲不能遣也。文中子曰：言不忠节谨密，是未能澄心遣欲之人也。故云所以不能者，为心未澄、欲未遣也。白云翁曰：人不能澄心遣欲者，是漂浪爱河、流吹欲海之人也。或曰：何人不能澄心遣欲而生妄想乎？昔有唐时刘怀珍，字道玉。太平二年，以功勋除授河间乐陵太守。至郡贪图贿赂，征索不已，有钱三二百万，不生慈愍，常取索民钱物，不曾正决一件事。士民嗟怨：家贫家贫，取髓抽筋，宁逢南山白额虎，切莫撞著刘怀珍。其受如此苦。乃移镇中山府，其民甚忧。有其妻乃谓怀珍曰：今日钱物，富贵稍足。官居一品，而作方面之侯。年可数旬，不修来世之福德。怀珍曰：此时如何？妻曰：我闻著红骑马累世修来，若今世不修，殃堕后世；若今世能修，后世必主富贵。怀珍曰：然。妻曰：我妆阁之中宝货约卖百万贯馀钱，不如休动民财，而修其寺观，招二三十僧道时复斋供，一乃自家作福，二乃获后世富贵之缘，三乃国家知道，是为善之事，四乃不伤其民而得美善之名。此乃全身足世之果也。怀珍大喜，于是尽将夫人柜中钱约百万，而选日施工，聚料买地三十馀亩，前后下手，修之二年而成就。又建一座宝殿，三门经阁，法堂圣像，一切俱全。怀珍与夫人逐日烧香求福，二年之间，诸事乃毕。又买常住地五顷为常住，所用约费钱百万馀贯。然而如此不动民钱一毫，而暗刷民肌肤膏脂，只是不能澄心遣欲。有日怀珍与妻曰：我今修起一座福地宝殿等，不动民财，而不知后世果因。夫人曰：此阴中之事怎得知？怀珍每日心常不满曰：作如此功德，又如此虔心礼求灵报，何神明全无灵验？一日午睡，梦见有一道人直入其屋，亦无礼貌，谓怀珍曰：相公贪而且欲，所修殿堂等，虽曰自己钱物，然平日刻取民之脂膏，岂有福乎？今世为官一品，又望后世福田，其贪欲之心不止，福乃为中山府南门张小婆妇得之。怀珍问曰：彼人何以得之？道人曰：此人贱时籴物，于贵时只依原价粜与人，不增价；别又常念《太上老君清静经》，扶危救困，惜物护生，其功胜彼修寺观之功。道人言毕，遂不见。怀珍不乐，遂使急脚子唤此张小公婆妇二人，问其因，与道人所说同。怀珍有悟，遂解印休官，于密室修清静之道，澄心遣欲，与夫人对其寂淡而双修，及延道侣而讲谈《庄》《老》，寿一百二十九岁而终。

论曰：道之大也，唯心感之。若不澄心遣欲，何以得之？刘怀珍取民财而修寺观，望消业而求福缘，不亦难乎？若放心于无有之乡，养神于逍遥之境，乃其悟也。澄心遣欲，散金玉以济贫，以获延年而正寝，岂不贤哉？宜为真人矣。

能遣之者，

言能遣六欲、三毒者，可以观三元之妙道也。其三元，在下文说之。

内观其心，心无其心；外观其形，形无其形；远观其物，物无其物。

物无其物者，心澄而欲自灭。欲既俱丧而自亡，如此者，可以观大道三元之相也。何名三元？答曰：一元者，内观心识如虚无之境界，见一切无心。既无其心，六欲之贼何由生，三毒之尸自然灭也。故言内观其心，心无其心，心无其心者，外观其形，形无其形者，相不滞于形相者，渐入无为之境，不能诱动其心形，六欲何能而生，三毒自然消灭。故云远观其物，物无其物。白云翁曰：内观欲心而无欲心，外观色心而无色心，远观外物而无外物。如此三无尽，可谓得其道矣。文中子曰：不执利，不执有利欲之心，故曰内观其心，心无其心。不违害，不违害伤色身之状，故曰外观其形，形无其形。不强交，不与外物而强交易，是故无外物也，故曰远观其物，物无其物。或曰：内观其心，心无其心，何人也？昔战国时有文挚善医，有龙叔谓文挚曰：我闻子之妙矣。吾有疾，子能医乎？文挚曰；唯命是听。然先言子病，吾当察之。龙叔曰：吾之病有数般，乡中誉我，我不以为荣；国中毁我，我不以为辱，此一病也。吾得之不喜，失之不忧，二病也。吾不亲富贵，不傲贫穷，三病也。吾视人，如人视我，四病也。吾处吾之家，如道旅之舍，五病也。吾观吾乡，如蛮戎之国，六病也。七魔：一赏罚不能动，二刑罚不能灭，三盛衰利害不能已，四哀乐不能易，五不可视国名，六不亲交友，七不能御妻子制仆。此七魔也。奚病哉？奚方能已之乎？文挚乃命龙叔皆面立，文挚自后向明而望之，既而曰：嘻，吾见子之心矣。方寸之地，虚虚也哉！圣人之心有七孔也。子之心有六孔，流通一孔，不达也。今圣智为疾，此之谓无其心也。故云内观其心，心无其心。或曰：何人外观其形，形无其形？昔吴季札入燕为使，至路，忽于道上见金一铤。季札见而不思其意，前所步见一负薪者，告之：汝贫，此处有金一铤。季札引而指之曰：汝贫，将此金玉去。负薪者乃颦眉而责季札曰：观君气概甚豪，而意甚下，顾我身何为向金之人？负薪者遂不顾而去。金乃物之最贵也，而不顾之，乃是远观其物，物无其物。

论曰：龙叔得内观其心，心无其心；负薪者远观其物，物无其物。悟此三无，能通圣道矣。

三者既悟，惟见于空。

上句言六欲既不生，则三毒自然消灭。因此不生六欲，消灭三毒，则能内观无欲心，外观无色身，远观无物。此三者皆名为色空，应有形者，俱为幻化之境。《定观经》云：定心之上，豁然无覆；定心之下，寂然无物。其能识者，可以内观无心，外观无形，远观无物。此三者观之，无心、无形、无物，并同虚空。然后既悟，唯见真空寂境。故曰三者既悟，唯见于空。《易》曰：显道神之德行。言悟三空之理，明显无为之道，而自神灵其德行之事，如太虚以万物，惟见于空之境。文中子曰：圣人之德，为道之本。为道者无心、无形、无物，此三者既悟，唯见显道之德行、神之德行者，太虚之至空也。故云三者既悟，唯见于空。或曰：何人能悟此三无而见于空、达道也？昔唐时柳子初于大历年中会试于南宫，失利，不检其身，恣游放荡，花街月夜，取一时之乐。非久行囊空虚，于人多厌之，糊口之用，及形容枯槁，日不聊生。或一日，出东门，徐步而进，欲觅自尽之计。奈死期难舍，遂坐于古柳之下，因默念《太上老君说常清静经》三遍，神气欲绝。忽有一道者，青巾白袍，皂绦草履，携一竹篮，亦来坐于树下，气貌堂堂，乃谓子初曰：君有道气，一何困也？子初开目，见而甚喜之，乃谢曰：仆一书生，当于壮岁，两上春闱，而遭命蹇，因此失利，放荡狂游，囊空资尽，日不聊生。家乡东海难归，西秦无住，体无完服，腹无所食。今日之困，陈厄之不若也。言语蹇涩，气渐声微，忽然而倒。其先生见之曰：何以如此？遂于篮中取枣二枚，与子初强起，接而顿食之，唯食一枚，但觉作食之味，乃拜先生。先生曰：观君之气，似有奇骨。子初言：仆乃心中不足。先生曰：汝乃得其甚足。子初曰：大丈夫心中足位高贵可也。先生曰：尔但瞑目。子初既合其目，便觉飘然而昏似睡，忽见一紫绶金章人秉其象笏，奉夫馀国王诏，征足下子初。子初曰：仆乃东海下士，沂水儒生，两失龙榜，今为孤迹之人，安辱国主相征乎？道罢，子初喜而随使者出东门，既出东门，有十馀人锦衣绣帽，玉带红靴，见子初尽皆拜，遂牵桃花之骑，玉鞍金鞍，宝辔龙驹，翠盖围风，红旗映日，乃簇拥子初上马。子初喜不自胜，乃攀鞍上马，头达叫唱甚严，从骑至多，驷牡追风，八百馀里，乃至一城。见人烟窈窕，地里风光，数百朱紫之官列拜马前，道引见一所，珠楼宝阁，玉殿森森，烟霞重雾。忽有一骑从众中出，曰：且交驸马解鞍于东华馆。轩窗户牖，皆水晶、玻璃为之也。是时红妆绣阁，宝结花冠，数十妓人动其弦管。是夜，子初宿于东华馆下，高阁钟敲，晓月清风，一妓传宣，请驸马引见公主。子初大喜。忽一美人捧一宝箱，内有宝玉衣一袭，更夜牵一骏骑，遂请上马。笙歌一队，皆吴姬越绝，遂引乃入其内，见紫殿金阶，玉庭森森，兵卫肃肃，朱紫班班，圭笏相亚，大立群班，拜舞待之。须臾，凤帘齐卷，鸣鼓一声，山呼震动。夫馀国王升其宝殿，见华冠龙衮，雉扇轻开，娇娥窈窕，传宣曰：令驸马见帝。引了初拜舞毕，王曰：寡人爱女，小字淫芳，愿丝萝于卿，纳聘在于今日。承其诏命，奏钧天之鼓乐，列其御宴，卿富贵不可言也。是夕灯烛龙膏，香虬凤髓，霞衣彩帔，不知其数。忽凤阁拥一女子，年可一十六岁，其貌其姿，西子、嫦娥之不若也。嫦娥古今无如此貌。子初见之，魂飞天外，魄散九霄。是夕凤帐盘龙，以衾展双鸾，太真为伴。至天明帝乃敕降，特进领三省驸马都尉，赠武安侯，镇武郡公主。至武安郡，道士、僧俗、属郡官僚并皆接之。治此郡一十年，遂生二子。政声大振。奉敕征南夫馀国大元帅，镇兵数万，一击而胜，功勋成就。帝乃赐金山一座。五年二子封侯，其富贵不可言也。金玉如瓦砾所为，功盖天下。有日乐极悲来，后三年其妻公主身殂。后二年，二子亦殂。子初不胜其悲。又有告变曰：南国王柳子初欲叛其地。夫馀国王遣使，命诏之。子初不敢抗命，遂至此国。其王曰：汝一微生，不能自料。寡人召汝为驸马，一十五年，封王立土。朕于汝不轻，汝何叛也？子初曰：臣本一布衣，今日驸马。谢王封第列土，非敢叛逆。王曰：告叛之由不虚，何更言之？令左右烹之。力士解衣取刀，欲割其肉于镬内，子初甚惊惶，乞复作一布衣，今不可得也。力士欲下刀，油镬其滚，哀声一叫，忽然而觉。先生曰：足下何乃昏然？子初既觉，汗流遍体，战战而不已，乃具述之事。先生曰：汝念《清静经》，经中有内观其心，心无其心；外观其形，形无其形；远观其物，物无其物。三者既悟，唯见于空。子初始乃孤贫，而有欲心。今子初作驸马，此三者皆无实迹，如一虚梦间，是唯见于空也。子初又要身高贵，使子初封为南徐国王也。又不能远观其物，赐子初金山一座也。子初释而悟曰：人生一世，虚幻自然，何可叹美之？遂礼先生，先生曰：后三年于蓬莱相见。汝坚持此真经，道心勿退，是其愿矣。道罢，乃乘云而去。子初因食枣而已，不食。后寻胜地，乃茅庵，默然而坐，屏绝人事，坚持此经，三年不退。忽一日，有白鹤自空而下，子初乘鹤背，乃腾空而去。乃留一小颂三首，一云：色是花艳而不久，莫厌虚花艳色红。花光虚艳似浮云，争如悟取玄元理，心上无心道自通。二云：形似虚幻而不永，形是虚形莫强尊。耽家积业落于空，争如悟取玄元理，形上无形道自通。三云：物是浮寄而不久，白玉黄金即是空。来时空手去时空，争如悟取玄元理，物上无时道自通。

论曰：万物自无而有，有极则归于无。故人以幻化色境为贵，岂不愚哉？柳子初因不第而有欲心，感得上仙来化，为夫馀国君之婿，以为色乐其心，故不知心无其心也。又外以封侯之贵乐其身，故不知形无其形也。又以金山之贵物乐其意，故不知物无其物也。此三者皆不实之相，乃色是虚花，形是虚幻，财是虚景，乃其祸也，而有悔悟。既乃悔之，身游三岛而上玉京，岂不良哉？《易》曰：无思也，无为定也，寂然不动，感而遂通。天下之政，非天下之至神，其孰能与于此哉！文中子曰：山宜附地，人宜附静，湛然寂者，道在其中矣。或曰：何人常寂而通其道？答曰：有之。昔者天宝年中，有进士李通，年五十馀，累举不及第。日诵《太上老君清静真经》，大得其理，寝膳不离其手，口不辍经。忽日，妻乃亡之。通嗟叹而已。惟一子。后一年，子亦殂。通曰：吾脱其枷也。常日诗酒自娱，相知或有劝之曰：我闻妻者，齐也，同棺共葬，乃人之常情。子之不为，恸嗟而已。君之无情，其子死，一恸而已，忘遗体之慈，是失父子之道。君何为知书也？通曰：我闻庄子亡妻而鼓盆，东门丧子不哭，此真达理也。吾何忧哉，吾何忧哉？太上云：内观其心，心无其心；外观其形，形无其形；远观其物，物无其物。三者既悟，唯见于空也。

观空亦空，空无所空；所空既无，无无亦无；无无既无，湛然常寂。

常寂者，道也。道既常寂，吾何有焉？遂散家财与不足者，弃田土于邻里也。李通乃携《清静经》而入华山，拔茅累石作庵，诵《清静经》，默食药苗而修坚志，三年如一日，道心不退，感太上使神人教之。其人化道者，入其庵中。道者遂问之曰：子于此学道深山安有乎？凡问七次，而不对之。道不在忘言而不达，不在论言而得马驹牛犊，又何言哉，又何常得其道也？夫欲修道者，先能舍外事，外事都绝，无以与心逆，然后安坐内观，心觉一念，起速须除灭而安静。又若有浮游乱想，亦当尽灭。亦不知观空亦空，空无所空，所空既无，无无亦无，无无既无，然后呼为湛然常寂。李通闻之，愿然而拜曰：先生所命，愿一教之。乃跪于前，而授其教。先生曰：学道者唯灭动心，不灭照心。但凝空心，不凝住心者，空心也。不可定中之急求慧，急则伤性，性伤则无慧。若定不求慧，而慧自至此，名真慧也。慧而不用诈，慧而贵，实智若愚。此乃益资定慧，此羡无极。若中念想，多感众邪，妖精百媚，随心应见。又谓李通：汝若能定得心，湛然常寂，其道有成。李通曰：弟子能之。先生曰：来日我教汝，吾且去矣。先生遂出庵而不见。候来日辰巳时来，先生却来此庵前。通乃出庵，喜而迎之，而入其庵。李通乃礼：念弟子身为腐儒，不通大道，而守顿空，何异胶柱鼓瑟？先生曰：吾欲烧一炉丹，汝以镇炉，唯以无语为湛然常寂。汝能之否？通曰：弟子能之。先生乃于庵中立一炉，于袋中取出一锅子，放数粒丹药其中，望太阳取气一口，吹在炉上，其火乃然。仍戒李通曰：汝正南于炉而坐，此是观空亦空，空无所空，所空既无，无无亦无，无无既无，如此者乃事湛然常寂之法也。若有千魔万魅，感即是无，得而言，若炉中之丹则不成，汝道不就也。千万记之。三日后，吾却来觑丹，丹必熟矣。与汝共服，可以羽化为天仙也。千万记取。李通乃握固，而面于炉端坐。其先生乃出庵而去。不多时，忽然四方云起，雷电交空，疾风拔树，霹雳摧山，骤雨猛水乃浸其庵。李通不动身而端坐，其水浸坐，乃至于顶，而心不动。雨水只有一寸，不入于炉，不至于口，须臾，水出既落，又有野火烧山，亘天火发，而至于庵，庵舍欲烧而著其李通，亦寂然不动，其心全无怨意。须臾火自灭。又有饿鬼而至，其鬼或蓝面而赤发，或黄体而面青，或眼红而光出，牙若刚刀。吾等山鬼也，今日大饥，食而且度。汝若一言，吾不食汝；若无言，乃啖之。李通终无一言，其鬼自灭。又有数十饿虎而来欲食李通，李通乃不视，亦无怖心，其虎哮吼数遭，嗅而不食即退。又有毒蛇，遂绕其身而行，李通亦不动心，其蛇自去。又有一妇人，年貌二八，娇姿无比，以其妖言艳语而惑李通。李通心并不动，妇人亦去。又有强徒三十馀人，皆铁衣，手执戈弧矢。贼首曰：好食此人心肝。遂刀劈之，欲下手，有一人曰：只语一声，且免之。李通亦不言，其贼自去。然后有一王，峨冠大袖，朱履长裙，手执寒玉珪，引数人狞神恶鬼，是牛头狱卒，手执铁叉，大喝李通曰：阎罗大王至，何故不起？其鬼遂以铁叉叉之，其王曰：且住。若其人一言则免之，若无言，以铁叉叉之。李通终无恐惧，亦不动心。王曰：执取伊妻来。不多时，李通妻至，王曰：使尔夫一言，不令汝受苦。其妻曰：君与我为眷属，恩重如丘山。今日我经地狱受苦，若你一言救我之苦，若不言，苦罪难受。李通终无一言。其王遂怒：此乃顽鄙之人，今锯解其妻，使令看之。须臾，狱卒提到其妻，用板夹之便锯解，血流满地，悲声不忍见闻。其夫亦不言。王曰：又呼其子。子果至，王曰：交汝身为万段。子曰：父乃铁心肝。我母因父不言，直至锯解之苦。父今又若不言，我受到身之苦。《孝经》云：念父子之道，乃天性也。父慈悲，乃一言，可免其苦也。李通终无一言。王见此，大怒言：这汉顽执，摄其生魂离壳。李通但觉昏然，其魂于齐州王大郎家作女之身，生而且艳，绝其容貌世中无比，喑哑不言，年至一十八岁，人呼为哑女。父母出嫁与东村马员外第三子，甚爱其貌美，乃不嫌哑而取之。凡三载，生一子。其夫因醉而归，与其妻曰：尔生得一子，甚美，幼哑而无言，此乃大病也。虽此子，何为美也？遂把子脚倒提摔之，血溅其母满面，哑女惊然，忽叫一声：冤苦，可惜我娇子。开目遂见其炉红光乱撒，火星迸散，似如雷声。其先生方至，曰：丹药欲熟，为汝一声而惊怀了，其丹砂是不能成。观空亦空，空无所空，所空既无，无无亦无，无无既无，此人而不能守湛然常寂之道也。先生以手搥胸，大哭曰：可惜一炉丹药。更后六年，吾复再来。遂赠与李通诗一首：略修玄理问吾徒，丹熟真铅悟色无。鹤性自闲冲碧落，道心因静见工夫。龙吟瑞彩笼金顶，虎啸祥风射玉炉。更后六年功行足，湛然常静入仙都。先生曰：六年之内，只守此经而修，因上玉京。勉之勉之！道罢，先生化白光而不见。因此李通觅一绳悬大石，可重千斤，坠于石室之中，于石下而坐，寂然不动。六年功成，其先生引鸾而复现，叫之，通乃见先生，大喜，礼拜毕，二人共话，乘其鸾冉冉腾空而去。至半空之中，乃遗下诗一首云：观空空亦是真空，空既无时无亦通。无惠既无湛常寂，好乘鸾背到天宫。又有小词一首，《寄减字木兰花》：攻书学业，五十馀年头似雪。金榜无名，始信儒冠多误身。妻亡子夭，恩爱无时来入道。深谢师言，湛然常寂升九天。

论曰：大道者，至灵蕴妙，待感而灵，犹金石之响，待击而鸣。李通乃悟观空亦空，空无所空，所空既无，无无亦无，无无既无，湛然常寂之道，千魔万惑而不动，又设千斤之石，而修六年，果登天宫，岂不宜乎？

寂无所寂，欲岂能生？欲既不生，即是真道。真常之道，悟者自得。得悟道者，常清静矣。

欲者，六欲也，乃六贼也。眼是一贼，爱窥观彩色妖艳，人不知妖艳是杀人性命之刀斧。耳是二贼，爱听艳乐淫声，而不知艳乐淫声是害人之鼓乐。口是三贼，爱嗜美酒肥肉，而不知美酒肥肉是腑肠之毒药。鼻是四贼，爱悦芳香邪气，而不知芳香邪气是害人之气命。身是五贼，爱香车宝马，而不知香车宝马是招蹶之机。意是六贼，爱禄高位大，而不知禄高位大是害人之形命。故曰射神之天。此上句言能于常寂之中无所寂相者，是能了真空湛然之相空无，湛寂自灭，然后真空照了，见其真道矣。见其真道者，了达空无湛寂四事，但泯真照空也。如此者，六欲之毒害，又岂能于吾生也？故曰寂无所寂，欲岂能生。文中子曰：寂无所寂者，与太空同体，与太极同德，与神道并行，不化而化。如此者，安能有欲乎？故曰寂无所寂，欲岂能生。或曰：何人能知寂无所寂，而不能生其欲也？昔宋时熙宁元年，仪州医官聂处仁，其性沉静，美而风彩。年三十馀岁。自小能持《太上老君清静经》，大通其理。凡有患者，不问贵贱贫富，而一般下药，无所问药资。人皆以为救命真人。或有一黄官之家请看候其患，既至患人宅，其患之家妻年少，艳美容质，遂见处仁候脉，而便通其意。处仁避面而候脉，下疯药一服，毕，急辞而退。处仁乃真空照之，出而便行。其黄官之妻他日佯病，使人召之。其处仁托其他干，不为下药。其娘子再三使人，召三五次。其处仁不获，更又叫曰：娘子急之。处仁推辞不及，至乃避面诊之。处仁曰：娘子安常无病。娘子曰：我官人差出远游，今夜汝来，我当相待，每夜梦宿于君。处仁闻之大惊，深会其意，遂走出门。后及呼之，更不复回。至夜深，忽有人扣门而曰：有某急患，请郎中候脉。处仁不知端的，乃开门而出，娘子遂拽住处仁。娘子曰：君心从我，我与君富贵。若不从我，我是黄官之妻，为期于此。汝若不从，与君其死。处仁不得已，遂允之。乃引娘子至于短墙，而摄其手，越墙而走之，不入其家，遂遁入南山之中，依此诵《太上清静之经》，修行悟此寂无所寂之道，而欲心岂能生之。是时，本州城隍土地正神以此聂处仁不起欲心，乃呈司命君遂赐一百二十岁，升为天官。其妇人夺其寿，至五十终，将牛魂摄于地狱，其形于阳间卧疾，腹常如刀搅，其心生魂被狱卒缚于铁柱之上，以刀剖腹，洗除淫欲之心。受此苦楚，痛不可忍。其狱卒谓之此人曰：汝受苦七年矣，更有三年，三魂俱入地狱，纵得托生，入于别腹中，为之奈何？妇人曰：如何救解？鬼吏曰：汝于阳间设黄箓大醮，乃改恶从善，每日持念《太上老君清静真经》，可免此苦。娘子曰：的可免之？鬼吏曰：的免也。一发善言，千里福应。兼忏悔淫欲之罪，岂虚言哉？于是死魂至即目得假合其生魂。汝切记之，不虚言也。其人自省，谢罪改过，更不再犯。其夫官人悯之，遂命羽客一七设其黄箓大醮，又礼念《九幽拔罪忏文》千卷，兼印造《清静经》万卷，散施四方善友，令人持诵。于是九天上圣特赦其罪，娘子所患渐愈。其人思往日之淫欲，是有此报，在于地狱，不唯切之一身，外更有犯此者，不可称数。娘子乃谓官人曰：唐则天在日，与僧人行淫，亦受毒蛇地狱。官人曰：如何受罪？娘子曰：一旦便脱衣服、冠冕，而入于毒蝎之中。其蝎攒身蛰之，受苦不已，罪毕，即著衣服冠冕去。官人曰：此罪何时受苦足？妻曰：限满之日，须有百年，任为娼女也。妻乃劝夫曰：善事可作，恶事切莫重犯，果有报乎！夫闻之此语，亦改其心。二人乃双修，各依太上清静之教，每日持此真经百遍。乃解印休官，筑环墙于内，卓庵而坐，修道九年，同坐亡于壁间。乃留诗二首云：酆都地狱不堪观，视者令人心胆寒。万死千生重受苦，阳间岐路再游难。自退欲情欲不生，好修清静湛然明。寂无所寂天真境，只在人心改善行。

论曰：道以清虚寂静为体，人以淫色为实，岂不知有经云，色即是空，空即是色。道广则天堂之路，欲大则地狱之因。聂处仁禀寂无所寂而无欲心，乃增延寿算，名书天曹。其妻滞于淫罪，以夺其寿，魂追北府，剖除淫心之垢。楚痛之疾，醮筵救愈。及其改过从善，休官同修清静之教，日诵真经，绝其尘俗，方乃同坐亡，魂飞北落。上圣真经岂无验乎？后之好道君子，切谨记之。

太上老君说常清静经注

大道渊源老氏圣纪

《神霄经》云：妙无天帝出生三炁三宝天君（玄炁天宝君，元炁灵实君，始炁神实君，即三清也），玉帝为祖，在太空之元。又云：元始下化为玉宸大混，居紫玉宝阙，号北极大帝。北极是元始第五化身。赤明开图之初，为上清神公；开皇之后，为北阴大帝。平定功成，居中天紫微之庭，望之不动，谓之辰极。或化在星，为天皇大帝；在教，曰太上老君；在天，为诸天之主；降世为百王之师。

《混元图》云：初三皇时化身，号万法天师（一云通玄天师，又云玄中大法师）。中三皇时化身，号盘古先生，亦曰有古大先生。后天皇伏羲时化身，号郁华子（或曰，女娲氏时化身号郁密子）。地皇神农时化身，号大成子。人皇轩辕帝时化身，号广成子。少皞时化，号随应子。颛帝时，号赤精子。帝喾时，号录图子。帝尧时，号务成子。帝舜时，号尹寿子。夏禹时化，号真行子。商汤时，号锡则子。老君虽累世化身，而未有诞生之迹。迨商第十八王阳甲时，分神化炁，寄胎于玄妙玉女，八十一年，暨第二十二王武丁庚辰岁二月十五日卯时，诞于楚之苦县濑乡曲仁里，姓李名耳，字伯阳，谥曰聃。周武王时为守藏史，迁柱下史。至第五帝昭王二十三年，过函谷关，度关令尹喜。以二十五年，降于蜀青羊肆，会尹喜，同度流沙。至穆王时，复还中夏。至灵王二十一年庚戌，孔子生。至二十七帝敬王十七年戊戌，孔子问礼于老君，退有犹龙之叹。敬王四十一年壬戌，孔子卒。至第三十五帝烈王二年丁未，过秦，秦献公问以历数，遂出散关。至显王八年庚申东迁。至第三十八帝赧王九年乙卯，复出散关，飞升昆仑。秦时降陕河之滨，号河上丈人，亦曰河上公，授道安期生。前汉文帝好老子之旨，遣使诏问之，公曰：道尊德贵，非可遥问。帝即驾从诣之。帝曰：普天之下，莫非王土；率土之滨，莫非王臣。域中有四大，王居一也。子虽有道，犹朕民也。不能屈，何乃高乎？朕足使贫贱富贵。须臾，公即抚掌坐跃，冉冉在虚空之中，如云之升，去地百丈馀，而止于玄虚。良久俯而答曰：今上不至天，中不累人，下不居地，何民之有？陛下焉能令余富贵贫贱乎？帝乃悟之，知是神人矣，方下辇稽首礼谢。授帝《道》、《德》二经旨。成帝时，降曲阳泉，授于吉《太平真经》。汉章帝时，授于吉《一百八十大戒》。安帝时，降刘图《罪福新科》。顺帝时，降授天师三洞经箓。桓帝时，降天台，授葛孝先《上清》、《灵宝》、《大洞》诸经。魏明皇时，降嵩山，授天师寇谦之新科符箓。大唐高祖时，降羊角山，语吉善行唐公受命符。明皇天宝元年，降丹凤门，帝亲享之兴庆宫。又降语田同秀，以函谷所藏《金匮灵符》。又降语王元翼《妙宝真符》。宋政和二年，降华阳洞天，授梁先生《加句天童护

命经》。又云：老君无世不出，先尘劫而行化，后无极而常存，隐显莫测，变化无穷，无为自然，永劫绵绵。阴翊皇度，玄之又玄。普度天人，不可具述矣。

崇真子云：论长生养性之旨，其要在于存三抱一。三者，精炁神也，是名三宝。象川翁曰：精能生炁，炁能生神，荣卫一身，莫大于此，实修真之本也。

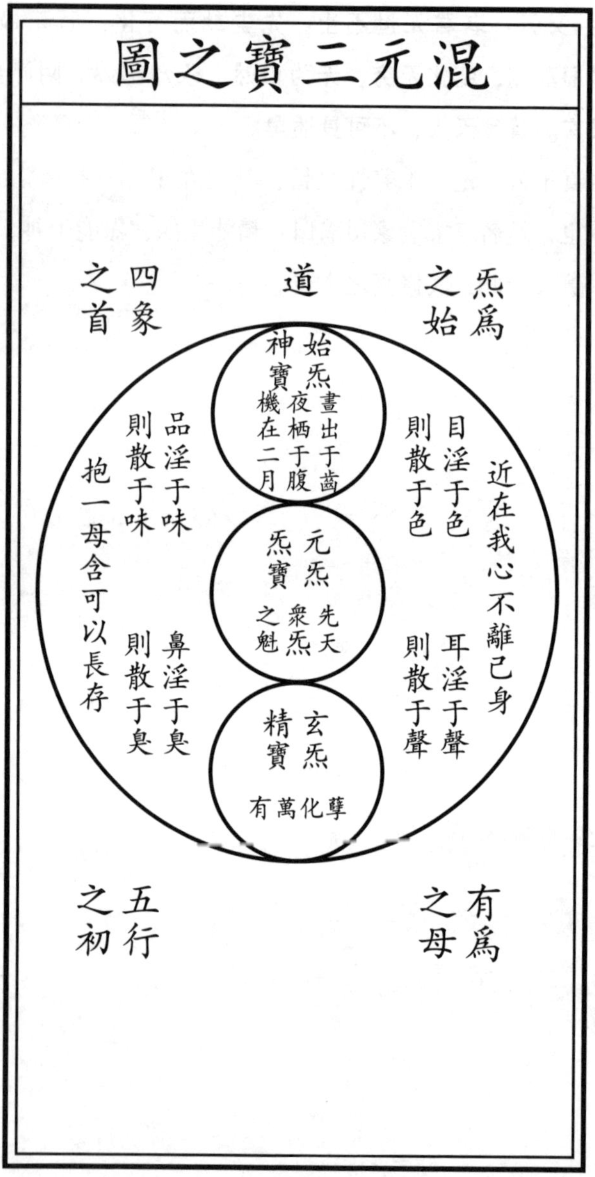

混元三寶之圖
炁爲之始
道
四象之首
始炁晝出于齒
神寶夜栖于腹
機在二月
目淫于色
則散于色
品淫于味
則散于味
近在我心不離己身
抱一母含可以長存
元炁
炁寶
先天衆炁之魁
耳淫于聲
則散于聲
鼻淫于臭
則散于臭
玄炁
精寶
孳化萬有
有爲之母
五行之初

谭景升云：存三抱一者，炼精化炁，炼炁化神，炼神合道，洞妙自然。经云：天有三宝，日月星；人有三宝，精炁神。心之神发乎目，则谓之视；肾之精发乎耳，则谓之听；脾之魂发乎鼻，则谓之嗅；胆之魄发乎口，则谓之言。动个神，万神皆动；开一窍，九窍齐开。一关要锁百关牢，转身一路真容易。

初真內觀靜定之圖

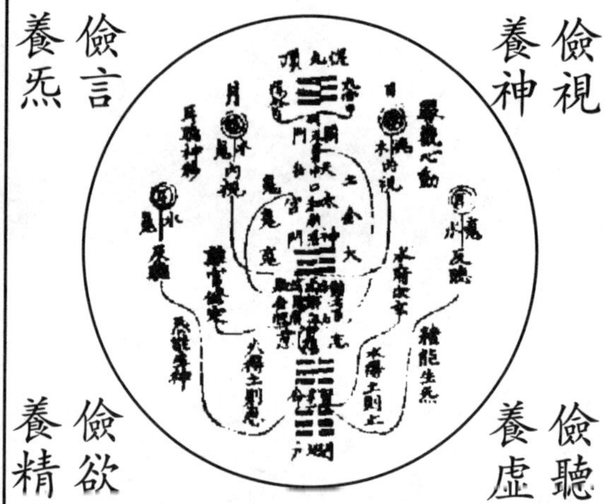

白玉蟾云：无心之心无有形，无中养就婴儿灵。学仙学到婴儿处，月在寒潭静处明。

传经证道品

常清静经

仙人葛玄曰：吾得此道者，曾诵万遍。此经是天人所习，不传下士。吾昔受之于东华帝君，东华帝君受之于金阙帝君，金阙帝君受之于西王母，西王母皆口口相传，不记文字。吾今于世，书而录之。上士悟之，升为天官；中士悟之，南宫列仙；下士得之，在世长年，游行三界，升入金门。

左玄真人曰：学道之士持诵此经者，即得十天善神拥护其人，然后玉符保神，金液炼形，形神俱妙，与道合真。

正一真人曰：人家有此经，悟解之者，灾障不干，众圣护门，神升上界，朝拜王尊，功满德就，相感帝君。诵持不退，身腾紫云。

传经

苏上卿云：童子传经问至人，无心对境永安身。侍经终有风云日，他日乘鸾步玉宸。

开经

丘长春云：夫人出家，法语有云：上忠君王，下孝父母是也。上不拜君王，下不拜父母，乃不忠孝也。是自高自贵的言语，不合大道，难入仙宗，是自忘本矣。

尹真人云：仙经万卷，忠孝为先。天上人间，方便第一。

知觉

白玉蟾云：桑田成海海成田，一刹那间又百年。拨转顶门开捩子，阿谁不是大罗仙？

明师

悟真子云：饶君聪慧过颜闵，不遇明师莫强猜。只为金丹无口诀，教君何处结灵胎？

口诀

了真子云：大药三般精炁神，天然母子互相亲。回风混合归真体，煅炼工夫日日新。

行功

了真子云：无功功里要勤功，功外无功合圣功。炼得丹田成至宝，任他乌兔走西东。

成道

毕元枢云：一粒金丹何赫赤，大如弹丸黄如橘。人人分上本圆成，夜夜灵光常满室。

超凡

陈泥丸云：一载胎生一个儿，子孙孙子又孙枝。千万亿化最妙处，岂可容易教人知。

入圣

吕洞宾云：独上高山望八都，黑云散尽月轮孤。茫茫宇宙人无数，几个男儿是丈夫？

太上老君说常清静经注

海南琼琯子白玉蟾分章正误

终南隐微子王元晖注

无极大道

太者，无也；上者，极也；说者，开化也。常清静者，虚无大道，自然生成，三才万物，古犹今同也。经者，心也，玄之又玄，众妙之门。

邵子云：天向一中分造化，人从心上起经纶。天人焉有两般义，道不虚行只在人。

先天大道章第一

太上老君曰（老君注，见前《渊源》。今本无太上二字）：

《道德经》云：道之出口，淡乎其无味。视之不足见，听之不足闻，用之不可既。

羲皇上人云：但识琴中趣，何劳弦上声。

大道无形（无之始也），生育天地（不待安排，自然而然）。

《神霄经》云：空洞无形，神炁为真。神非恍惚，炁非氤氲。神生万神，炁生万炁。万神归一，万炁合一。神为道机，炁为道枢，机变枢化，三界乃生。元始祖神，变生万真；元始

祖炁，化生诸天。

大道无情（有之始也），**运行日月**（灵宝净明，普照无穷）。

《晋天文志》云：天圆如倚盖，地方如棋局。天盘一半在地上，半在地下。日月本东行，天西旋。《汉浑天仪》云：周天三百六十五度四分度之一。天体圆如弹丸，北高南下，形如倚盖。北极出地上三十六度，南极入地下三十六度。南极去北极直径一百八十二度弱。其依天体隆曲，南极去北极一百八十二度强。正当天之中，南北二极中等之处，谓之赤道，去南北极各九十一度。春分日行赤道，夏至日行赤道之北二十度，去北极六十七度，去南极一百一十五度，谓之黑道。从夏至日以后，日渐南至，秋分还行赤道，与春分同。冬至行赤道之南二十四度，去南极六十七度，去北极一百一十五度，谓之黄道。自冬至以后，日又渐北矣。又，月行之道与日道相近，交路而过。半在月道里，半在日道表。其当交则两道相合，交去极远处，两道相去六度。此其日月行道之大略也。《汉志》云：日行一度，月行十三度十九分度之七。日行迟而月行速也。日本阳也，月本阴也。月不能以自明，资日而后明，故交会于日，则为晦，为朔，其生明为有序焉。是以三日而载生明，因谓之朏。凡八日，月行八十度四分而生明已半，因谓之上弦。十有五日而谓之望，盖与日对望而明也。十有六日而生魄，是阴魄之生而明退之渐也。二十三日而生魄已半，因谓之下弦。二十七日有半，而月行三百六十五度，已及周天之次，而日之行已远于二十七度。故月复行二日有半，而再会于次辰之朔也。又云：谓地居中而天周焉。日在地上为昼，在地下为夜，此日月运行之道也。《神霄经》云：混沌既析，梵炁乃张，大为日月，细为星辰。云房云：日月者，阴阳之精，生成万物。东出西没，以分昼夜；南北往来，以定寒暑。朱子云：昆仑大无外，磅礴下深广。阴阳无停机，寒暑互来往。

大道无名（万象始也），**长养万物**

（二炁氤氲，万物化醇）。

老子云：无名天地之始，有名万物之母。《易》曰：地道含弘光大，万物资生，鼓之以雷霆，润之以风雨。朱子云：元亨播群品，利贞固灵根。非诚谅无有，五性实斯存。

吾不知其名，强名曰道。

太极左仙公云：无极者，与大道而沦化，为天地而立根，布炁于十方，抱道德之至淳，浩浩荡荡，不可名也。故老子谓之道，《春秋》谓之元，《易》谓之太极。张子谓，由炁化，有道之名。又云，由炁化，有天道、地道、人道之名。

陈子昂云：仲尼推太极，老子贵窈冥。西方金仙子，崇义乃无明。

造化自然章第二

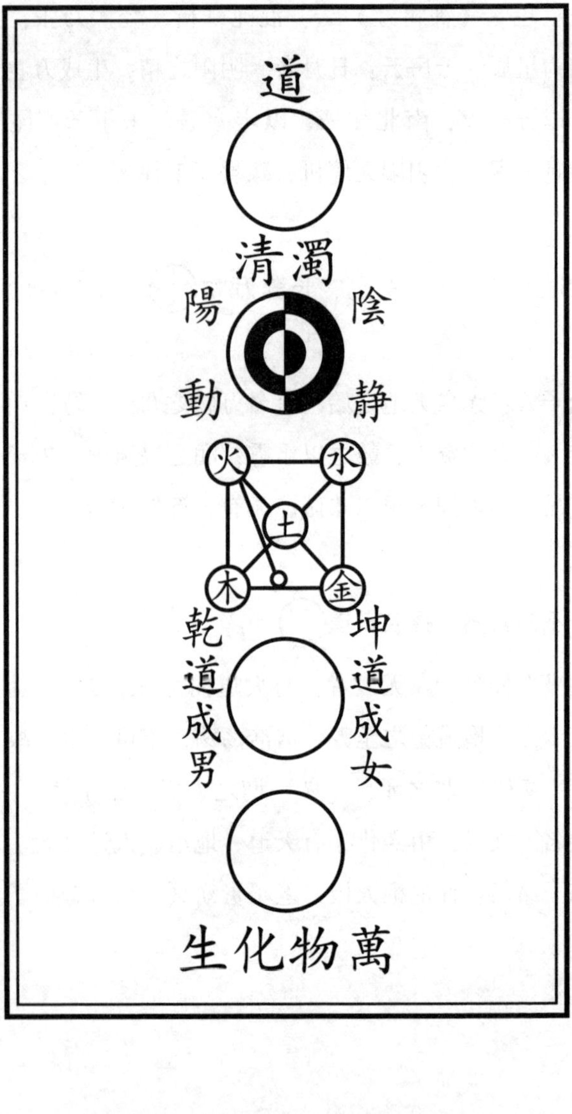

夫道者（未见炁也），**有清**（阳炁始也）**有浊**（阴炁始也），**有动有静**（阳动阴静而生三才）。**天清地浊**（清炁为天，浊炁为地），**天动地静；清地浊**（清炁为天，浊炁为地），**天动地静**（天圆而动，包乎地外。地静而方，处乎天中）；**男清女浊，男动女静**（乾男坤女，配合相生）。**降本流末，而生万物**（三才生万物）。

《管子》云：虚而无形，谓之道。《汉律历志》云：太极元炁，函三为一。（即天地人也。）《列子》云：元炁轻清者为天，重浊者为地，冲和之炁为人。朱子云：天地之炁合，所遇寒暑、燥湿、风火胜复之变之化。故人炁从之，万物化生，悉由三炁合散，生化无穷。悟真子云：道自虚无生一炁，便从一炁产阴阳。阴阳配合生三体，三体重生万物昌。

清者浊之源**，动者静之基**。

邵子云：无极而太极，冲漠未分。阳动阴静，只在太极里。阳动阴静，循环不穷。太极本体，只在阴阳里。释氏云：水流元在海，月落不离天（一本作静者动之基）。

人能常清静**，天地悉皆归**。

《大洞经》云：人生天形。李少微云：我即天地，天地即我。刘天师云：道非欲虚，虚自归之。人能虚心，道自归之。玉溪子云：为甚此心关大造，只因元自道中来。

全神合道章第三

夫人神好清而心扰之（道本无魔，人心自障），

玉溪子云：自道分为我之元神，我之元神即大道也。王鞣师云：心宁神灵，心荒神狂。孔子问于老聃曰：敢问至道？聃曰：疏瀹于心，澡雪于精神。西王母云：声色不止神不清，思虑不止心不宁，心不宁兮神不灵，神不灵兮道不成。

人心好静而欲牵之（道高一尺，魔高一丈）。

天猷真君曰：日月虽明，浮云盖之；江河虽清，沙石混之；人心虽静，嗜欲牵之。梓潼帝君云：白云本是无心物，风送悠然出岫中。

常能遣其欲而心自静（意畅心宽，炁壮神安），

《了真经》云：寡欲心静，忘情累轻。老子云：其居也渊而静，其惟人心乎！《水火真经》云：欲从心起，息从心定。心息相依，息调心静。

澄其心而神自清（泰宇生光，魔王束首）。

烟萝子云：澄其心也。心澄神静，乱想不出，邪妄不侵，忧患咸消。虚室生白，惟在澄心也。吕洞宾云：一日清闲一日仙，六神和合自安然。丹田有宝休寻道，对境无心莫问禅。

自然六欲不生，三毒消灭（阴魄潜消，阳神自现）。

白玉蟾云：君不见虚无生自然，自然生一炁。一炁结成物，炁足分天地。天地本无心，二炁自然是。万物有荣枯，大数有终始。会得先天本自然，便是性命真根蒂。《道德》五千言，《阴符》三百字。形神与性命，身心与神炁。交姤成大宝，即是金丹理。世人多执著，权将有作归无作。猛烈丈夫能令略，试把此言闲处嚼。若他往古圣贤心，立法化人俱不错。况能蓦直径路行，一条直上三清阁。虚靖天师云：上士得之能保守，飞升元是此工夫。

所以不能者（财炁乱性，酒色惑情），

稽康云：养生有五难：名利不灭，喜怒不除，声色不去，滋味不绝，神虑消散。刘海蟾云：学仙甚易而人自难，脱尘不难而人未易。

清虚真人云：三岁孩儿也说得，八十老公行不得。

为心未澄也（活泼泼、转渌渌），

《度人经》云：人道者心，谅不由他。王知远云：急水上打毬子相似。韩湘云：波浑性海，云掩心天。昔马丹阳子隐终南山，一日刘处玄至，望庵外墙而拜。时丹阳知刘心未灰，隔墙谓之曰：可去河南府参刘仙姑，去三年后却来。刘即往之。时仙姑预知其来，盛妆以待之。刘一见心动，仙姑谓之曰：特试子耳。除了此心，汝事即了。刘即自悔，乃于洛阳花巷瓦子

打坐，日化饭吃。暨三年心灰，觉有所得，遂再见丹阳。丹阳见之曰：可矣。乃授道。今全真派长生刘真人是也。华阳子云：一旦天无风，四溟波尽息。人心风不吹，波浪高百尺。

欲未遣也（耳随声走，眼被色瞒）。

上元夫人谓武帝曰：汝好道乎？数招方士，登山祠神，亦为勤矣。然汝胎性暴，胎性淫，胎性奢，胎性酷，胎性贼，五者常舍于荣卫之中、五藏之内。若从今舍尔五性，反诸柔善，常为阴德，救度死厄，不泄精液，当有冀尔。曹先生云：二八佳人体似酥，腰间仗剑斩愚夫。分明不见人头落，暗里教贤骨髓枯。

能遣之者（万事付之一笑），

魏元君云：休休休，盖世功名不自由。黄石公云：绝嗜禁欲，所以除累；贬酒阙色，所以无污。文子云：去其诱慕，除其嗜欲。又黄石公云：朝臣待漏五更残，铁甲将军夜度关。隐士日高眠未起，算来名利不如闲。

内观于心（回光返照，本作其心），**心无其心**（神之元）。

庄子云：道为太极，心为太极。又云：心无逆顺，即无心也。三茅君云：灵台湛湛似冰壶，只许元神在里居。若向此中留一物，岂能证道合清虚？

外观于形（以道观之，无贵无贱。本作其形），**形无其形**（炁之元）。

朱子云：道之为体，其大无外，其小无内。太极左仙公云：体自然而然，生乎太无之先，起乎无因。经历天地终始，不可称载。太玄真人云：一点圆明等太虚，只因念起结成躯。若能放下回光照，依旧清虚一物元。父母生前一切灵，不灵只为结成形。成形罩却光明种，放下依然彻底清。

远观于物（若以物观之，自贵而物贱。本作其物），**物无其物**（精之元）。

白玉蟾注《老子》云：道之为物○，唯恍唯惚。惚兮恍兮，其中有象○。恍兮惚兮，其中有物○。窈兮冥兮，其中有精○。其精甚真○，其中有信○，自古及今。吕洞宾云：此中真妙理，谁道不长生？《神霄经》云：上无复神，下无复炁。务成子云：有物先天地，无形本寂寥。能为万象主，不逐四时凋。

三者既悟，惟见于空（神炁精）（函三为一，贵乎自然）。

《天保长生经》云：远观应化无应化（无物也），内观元神无元神（无心也），外观法界无法界（无形也），自然应静而静，静中有神（无中生有，精能生炁），应寂而寂，寂然而真（空中不空，炁能生神）。逍遥子云：不知有此理，只为太分明。

观空以空，空无所空○（道无象）。

许旌阳《石函记》云：玩真空，显仙踪，莫言来世再相逢。太愚蒙，休谈妙，有说真空说真空。事非同空即是色，色非空，其色花花照耀红。与君说破我家风，太阳移在月明中。月明太阳天上药，人服之时跨鸾鹤。石杏林云：不知丹诀妙，终日玩真空。

所空既无，无无亦无○（神无方）。

《淮南子》云：大丈夫恬淡无为，与造化逍遥。了真子云：大道元来一也无，若能守一我神居。此心莹若潭心月，不滞丝毫真自如。

无无既无，湛然常寂○（性无体）。

《上乘无碍经》云：心生则性灭，心寂则性现。如空无相，湛然常寂。丘长春云：道德元无象，丹青画不真。圣贤潜济物，今古默通神。

寂无所寂，欲岂能生○（炁无形）？

老子云：我无为而民自化，我好静而民自正，我无事而民自富，我无欲而民自朴。悟真子云：善恶一时忘念，荣枯都不关心。

欲既不生，即是真静○（雾开日莹，尘尽鉴明）。

魏元君云：道生于安静。昔施肩吾慕道年久，修持无功，夙夜自思，如负芒棘。因鉴《三清经》云：夫修炼之士，当须入三静关，淘炼神炁，补续年命。大静三百日，中静二百日，小静一百日。发志试之以小静，闭户不出，克期百日，方出静室。未逾月，而神光耀目；百日，精神清健；三百日，眼如点漆，肤如凝脂，宿疾普销，身心轻爽。则知仙经妙诀，言不虚矣。石杏林云：心天无点翳，性地绝尘飞。夜静月明处，一声春鸟啼。

真静应物丹（圆陀陀，光烁烁。一本作真常应物），

老子云：有物混成，先天地生。刘海蟾云：只明真性不修丹，万劫应知变化难。王鞻师云：炁止则神聚，神聚则丹成。《石函记》云：夫丹道者，非人间五金、八石、朱砂、水银之所为也，是元形合虚，旷然虚无，是谓真虚。真虚之体，还丹之基，大药之母。大药之母何形容，形容体貌缘何质。质者混成中有物，有物来居象帝先，帝先真虚合自然。真虚自然合色象，色象因神而运转。运转真虚虚不空，不空之妙有神通。丘真人云：丹转一，冥冥海底生红日，祥云烟霭遍三田，种出玄

珠如黍粒。丹转二，炎炎朱雀烧天地，霞光入鼎虎龙蟠，一粒黄芽如犬齿。丹转三，三才混象结成丹，形容妍丑随人意，天质生身已造端。丹转四，蓬壶灵户常关闭，静中暗转长生轮，无限灵光照真子。丹转五，灵真日日修仙所，重重道炁添光明，还为增长神明主。丹转六，昼夜河车驰圣轴，灵泉直上昆仑巅，一轮月在瑶池浴。丹转七，无为光里藏灵质，主持道炁有真官，千神降福来神室。丹转八，炼得胎仙如满月，同行同坐又同眠，虽在尘中人不识。丹转九，圣功圆满胎仙就，已证虚无自在身，此后不须行火候。

真常得性㊣性（一灵妙有，三界圆通）。

李华阳云：不明真性只究命，此是修行第一病。夫性者，是心如一个器皿，器中盛得底，如一个宝珠，珠中光明底，是性。性发现，在胎为身，在世为人，在眼曰见，在耳曰闻，在鼻嗅香，在口谈论，手之运掉，足之举措，散满六合，敛之方寸。识者明为真性，迷者唤作精魂。《石函记》云：父母元胎不可论，浩浩生生万种魂。种孕胎生卵湿化，人兽禽虫几万般。人兽禽虫各禀性，性命相连魂系命。原夫人与动物，皆禀炁于父，受形于母。潜符天地之理，炁足而生，各正性命，此理甚明。今人言修行人坐化，临行念差则失身，入别胎壳中，诚可戒也。虚靖天师云：道不远，在身中，物即皆空性不空。性若不空和炁住，炁归元海寿无穷。

常应【觉】常静【大定】，常清静矣●。

郝真人云：定体无念，慧照无边，定慧混融，妙用无穷。曹先生云：混合为一复忘一，可与元化同出没。透金贯石不为难，坐脱立亡犹倏忽。

如此清静【饮心丹如】，渐入真道○（心性无染，入众妙门）。

汉天师云：虚无大道，清静希夷，不染曰清，不动曰静，不视曰希，不听曰夷。此四者勤而行之，三年之外方免轮回。又云：六根清静，方寸澄彻，久而行之，可以坐役鬼神，呼召风雨，岂可忽哉！萨守坚云：寒潭秋夜月，碧涧水无痕。

既入真道，名为得道（心同虚空，虚空非心）。

赤松子云：复性入虚无，凝神入混沌。古云神仙只是凡人做，是名得道。薛道光云：蓬莱三岛客，元不在西边。

虽名得道（显法不真），

刘海蟾云：实相无相，微妙法门。悟真子云：项后有光犹是幻，云生足下未为仙。

实无所得○（真法不显）。

视之不见○，无色也。听之不闻○，无声也。搏之不得○，无形也。玉溪子云：他心求觅也徒然，不在中间与内外。视之不见听无声，廓然莹彻周沙界。仙经云：窈冥之内，恍惚元真。周紫阳云：如鱼饮水，冷暖自知。陶弘景云：但可自怡悦，不堪持寄君。

为化众生，名为得道（万化俱通，道本无名）。

淮南子云：至道无为，盈缩卷舒，与时变化。所以太上随机立教，以显其道。然万法千门，终致于一。其名虽异，同出乎心。《六韬》太公曰：夫人皆有性，趣舍不同。

能悟之者，可得圣道○（思曰睿，睿作圣）。

张子云：真识根源，谓之知道。朱子云：自古及今，恁地衮将去，只是个一阴一阳，是孰使之然也，乃道也。邵子云：否泰悟来知进退，乾坤见了识亲疏。自从悟得环中意，闲炁胸中一点无。

贤愚见识章第四

太上老君曰：上士无争○（性天广大），**下士好争**○（慧力无边）。

老子云：天之道，不争而善胜。仙经云：守道一日，可夺天地一年之正炁。萨守坚云：孤云长自在，野鹤任纵横。

上德不德（无为），**下德执德**（有为）。

颜子一云：隳肢体，黜聪明，离形去智。文子云：聪明广智守以愚，多闻博辨守以俭。张九成云：贫即无聊富即骄，回心独尔乐箪瓢。个中得趣无人会，惆怅遗风久寂寥。西王母云：瞻星礼月，苦己劳形，色见声求，慕仙疗病。《史记》扁鹊云：疾其在骨髓，虽司命无之奈何也。

执著之者，不名道德（逐妄迷真）。

《九子丹经》云：人之可保者命，可惜者身，可存者炁，可贵者精。夫按摩导引，服炁餐霞，闭门行炁，御女采阴，存思举意，绝谷休妻，诸旁门等法。苏子瞻云：苟非吾之所有，虽一毫而莫取。

应现无方章第五

太上老君曰：众生所以不得真道者，为有妄心（贪其所爱，不知休息。本无太上二字）。

《了心经》云：心为道宗，心为祸本。前真云：夫人身贱罗绮，口饫珍馔，目惑邪色，耳乱郑声，所慕者荣华富贵，日就沉溺，焉知天地间有玄妙乎？尹寿子云：迷云锁慧月，业风吹定海。

既有妄心，即惊其神（眼观心动，耳听神移）。

汉天师云：心生法乱，炁散神离。曹先生云：此物何曾有定位，随时变化因心意。在体感热即为汗，在鼻感风即为涕，在肾感情即为精，在眼感悲即为泪，纵横流转炁血中，到头不出于神炁。虚靖天师云：神若出，便收来，神返身中炁自回。如此朝朝与暮暮，自然赤子产真胎。

既惊其神，即著万物○（道生之）。

钟会曰：神炁散而为万物。老子云：万物负阴而抱阳。白玉蟾云：此道常在万物内，何物不在此道中？悟真子云：草木阴阳亦两齐，若还缺一不芳菲。初开绿叶阳先唱，次发红花阴后随。常道只斯为日用，真源返覆有谁知？报言学道诸君子，不识阴阳莫强嗤。

既著万物○（德畜之），

尹真人云：善吾道者，即一物中知天，尽神致命。邵子云：一物其来有一身，一身还有一乾坤。须知万物备于我，肯把三才别立根。

即生贪求○（日日新，又日新）。

许旌阳云：吾丹既成，变化自在。所不足者，上帝之诏未至。于是积功以期真命焉。丘真人云：丹转足爱养，三年防殆辱。济人利物积阴功，蹑景凌空膺帝箓。

既生贪求，只是烦恼◯（十二时中，守满持盈）。

《黄庭经》云：仙人道士非有神，积精累炁乃成真。庄子云：不离于精，则谓之神。云房云：下手工夫易坚心，守道难焉自然云。金液还丹因此识，只在人身休外觅。自有黄婆匹配伊，金鼎炼成丹赫赤。自家修，自家惜，阳日起头阴在脊。只此便是水中金，馀外万般休用觅。金丹只此百日功，功成永作蓬莱翁。

烦恼妄想（念中境像，梦里精神），

许旌阳云：静定栖神，无生杂想。云房云：定中见境像繁华，有诸快乐，皆不得认，乃妄想也。李仙君云：存神养炁精，清静心光明。妄想不虚起，求真道乃成。

忧苦身心◯（行住坐卧，如护婴儿），

王子乔云：心无为而身自安。曹国舅云：劝君惜取身心。邵子云：身在天地后，心在天地先。天地自我出，其馀何足言？

便遭浊辱，流浪生死（贵贱高低，死生平等），

裴清虚云：浊辱者，贪痴也。老子云：知足不辱。富贵而骄，自遗其咎。王盘山云：一念无生即无死也。李华阳云：生死特一炁聚散而已。郭璞云：死生聚散，变化无方。玉溪子

云：夫人心上有情，性上有尘，尘情般弄，生死不停。前真云：不生不灭本来真，无价夜光人不识。凡夫虚度几千生，杂在矿中不能出。

常沉苦海，永失真道（精竭炁亡，炁亡神灭）。

《黄庭经》云：一身精神不可失。昔许旌阳与众徒弟至一市（今名炭妇市也），日晚，化炭为众美女试之。惟时周等十人无染，尽皆升天。馀众皆动心迷恋，沉于欲海。天明视之，乃炭也。各知失道，惭愧而散。阴君曰：莫辞得失，一志而修，还丹可冀矣。安期生云：千日养不足，一旦害有馀。

真常之道，悟者自得○（若向此玄玄里得）。

许旌阳云：夫真常之道者，忠孝为百行之源，方便为万善之本。水丘子云：不变不妄，谓之真常。《玄帝本传》云：忠全孝尽，保举升仙。《净明经》云：但愿我赤子，孝顺长在心。居家奉父母，在朝忠于君。不为贪淫行，泄散精与神。福来如流泉，派派自然明。梓潼真君云：日用常行皆是道，不退转皆是道。白玉蟾云：平常心是道，不用生分别。广成子云：至道之精，窈窈冥冥；至道之极，昏昏默默。无视无听，抱神以静，形将自正。必静必清，无劳尔形，无摇尔精，乃可长生。慎内闭外，多知为败。我处其一，以处其和，故千二百岁而形未尝衰。得吾道者上为皇，失吾道下为土。将去汝，入无穷门，游无极野，与日月参光，与天地为常。人其尽死而我独存矣。会么？丹阳子云：一点灵光晃太虚，丹青妙手莫能模。休将明月闲相比，有缺因缘怎类吾？

得悟道者◯（此玄玄外更无玄），

庄子云：道在太极之先而不为高，在太极之下而不为深，先天地生而不为久，长于上古而不为老。豨韦氏得之，以挈天地；伏羲氏得之，以袭炁母；维斗得之，终古不忒；日月得之，终古不息；堪坯得之，以袭昆仑；冯夷得之，以处玄宫；禺强得之，以立乎北极；王母得之，坐乎少广。汉天师得之，三代飞升，七代尸解；许旌阳得之，拔宅淩空；魏元君得之，位登紫虚；葛仙翁得之升仙，其妻尸解，女亦尸解；刘洞天师得之升仙，其妻尸解，女亦尸解。此略举其一二，至于列仙得悟人道者，莫知其终。

常清静矣◯（天地合其德，日月合其明）。

尹真人云：但使心长御炁，炁与神合，中既有主，形乃长存。若日月之周回，同天河之轮转，寿命无穷无极也，乃证虚无道，得圣智圆通，隐显莫测，出有入无，逍遥云际，升入金门，形神同妙，与道合真。《中黄经》云：十方彩女执旌麾，百灵列驾玉童随。前有龙幡后有旗，羽服飘飘上太微。

太上老君说常清静经终〇（谨终如始，则无败事）

说经既毕，末后一句玄妙，怎生道么？吕洞宾云：道妙玄微，天机深远，下手速修犹太迟。蓬莱路，三千行满，独步云归。白玉蟾云：为君说此末后句，末后一句亲分付。普为天下学仙者，晓然指出蓬莱路。道本虚无，无中运有。故云妙有，亦曰真空。混茫莫测，奚以经为？然非经则不能明道也。故元始开图，敷落五篇，真文诞敷，发扬秘密，允为梯筏，溥接众生。惟《常清静》一经，实为要妙，还丹大道，至理昭然。夫所谓清静者，一尘不染，故谓之清，万缘俱息，故谓之静。人能常清静，自然与道玄同，直超彼岸。噫！世人著种种相，苦恼无边，虽欲超脱，耽玩此经，徒能诵言，而终莫能悟明其义也。一生狐惑，了无是处。大叙尝获紫清白真人《分章证误》，司马子微《解注》之本，言言造微，句句明理，实乃修真之指归。切惧斯文之漫灭，辄绣梓以广其传。若遇有眼睛汉，便能彻视玄机，打翻关棙，何异披云睹皦日、觌面见老聃？既到此际，则又清浊两忘，动静惟一，行住坐卧皆清静也。白云流水，青山明月，掀髯而长啸者，无不清静也。活泼泼地，如盘走珠，岂徒滞于枯木死灰耶？由是为清静之说。句曲山人王大叙谨识。

《道德经》云：谷神不死，是谓玄牝。玄牝之门，是谓天地根。玄牝，一阴阳也；阴阳，一天地也。《易》乾为天玄，坤为地牝。类此天地之玄牝，人一身一乾坤，命肾左右分阴阳，此人之玄牝。命肾之间其门欤？其天地之根欤？《清静经》原动静即是理也。白玉蟾释经，为作图像于前，显明是义。盖会此经于方寸，非徒口耳之学也。尝谓儒者性命之说，释氏胎息之说，老氏玄牝之说，名虽殊而理实一。第慨夫世之人假儒者之名，心图进取，托佛老之言，而愚人心福田利益，岂立教之初意哉？观白玉蟾传此经若图，当颜厚汗下，非独师老氏者。王大叙、史大闻得是经，绣之梓，其志可尚。遂为之书。皇庆初元上巳后，金坛四清翁蒋华子敬书。

太上老君说常清静经注

太上老君说常清静经注序

源之未发，流无不清；风之未扇，物无不静。及乎流以汩之，则清者浊矣；吹而散之，则静者动矣。此理之常也。道之生物，自然之性，何尝不湛然而清，寂然而静，感而遂通？性以情迁，失其天真，逐而忘返，至于流浪生死，常沉苦海。顾不哀哉！太上以大慈悲、大方便，引接迷徒，将与复其本元，使得见道。谓道虽不可以言传，而目击道存之士，且几何人？斯谓道虽不可以象教，而得鱼忘筌之喻，若有所待。故经之所以作也。是经谆谆明诲，始曰清者浊之源，静者动之基，人能常清静，天地悉皆归；继而曰人神好清而心扰之，人心好静而欲牵之，常能遣其欲而心自静，澄其心而神自清；又继之曰，内观其心，心无其心，外观其形，形无其形，远观其物，物无其物，湛然常寂，寂无所寂，即是真静，真静应物，渐入真道。复曰，虽名得道，实无所得，为化众生，名为得道。此真经之大旨欤？盖自西王母授之，仙人葛玄等传之，太玄真人赞之，世世遵奉。奈何愚者有终身不灵，惑者有终身不解，鲜克仰副太上慈悲方便之意。今骊山侯公先生，游方之外者也。念经之言，能悟之者，可传圣道，乃即其说，为之训解，辞简而甚易明，理达而甚易行，神而明之。自遣欲而灭三毒，由观心而识无空；屏执著之妄心，诫贪求之烦恼；祖述圣作，以开以明。其间有云，悟而无为者是，得而有作者非。有云，大道中无文字，文字中无大道，天文玉诀，须凭师匠口耳相传。有云，不执空为空，不著有为有。有云，抱出灵华洁，回还一体光。学者倘于是经诵持不退，当得造于目击之玄，不有待于忘筌之后也。平水老人毛麾谨序。

太上老君说常清静经注

姑射山太玄子侯善渊注

老君曰：大道无形，

无形者，阳渊渺邈，旷大无穷，颐心同体，微妙无方。故言大道无形矣。颂曰：大道本无形，无形亦假名。视之非有物，审听绝音声。觉性通幽静，颐神透目清。太空无伴侣，孤月照蓬瀛。

生育天地；

天地有形象，皆因大道育养之，故曰生育天地矣。颂曰：一炁生天地，三光在彼中。四时分造化，万物得和融。欲了无生法，知心物外穷。至真明不尽，常与道之通。

大道无情，

道无情者，湛然非象，虚极无心，万物生成，无为自化。故曰大道无情矣。颂曰：无情通大道，育养本无情。掌握乾坤秀，包容天地明。上穿金阙界，下彻九幽冥。荡荡无穷测，玄玄覆玉京。

运行日月；

日月者，道化玄明，人神之主，运行四通，普照而不昧也。颂曰：大道澄空廓，天边日月长。运行周匝界，升入遍他方。现出灵华洁，回还一体光。达人知此意，咫尺是仙乡。

大道无名，

无名者大道，通玄微妙，至理无穷，混元一炁，先天地而生，本无名也。颂曰：道化虚空体，权为假立名。有名非有相，无物亦无形。上彻三天莹，横担四海明。阐开清静眼，飞跃似流星。

长养万物。

道大无形，湛然不动，皓皓纯一，覆藏天地，运行日月，流转江河，掌握山川，包含溪谷，滋滋园林，成熟五谷，结秀花果。一切万物皆禀道炁而所生，本自无为，感时而自化。道本无形，育于有象。故曰长养万物矣。颂曰：道化芸芸长，机生物自迁。烟岚光万顷，郁秀照千山。渌野连溪壑，清音对碧天。悟兹真福地，此处隐飞仙。

吾不知其名，

太上言，我不知道之名，为独处无碍，太真玄妙之机，无生无灭，无增无减，隐显无方。众生不悟，太上垂慈，假立有名矣。颂曰：妙道迷难悟，心开慧自灵。元神生固蒂，虚谷证圆明。海藏凝珠瑔，山头混日精。满天昕宝鉴，光照玉京城。

强名曰道。

道本无名，既以有名，著于物相；若以无心，死入落空。有无相生，杳冥相对。应物现形，日用不离。难分正教之法，强名曰道矣。颂曰：道本无言说，强名分辨别。心清秀炁凝，性静灵云结。海上起新风，天边生古月。冲虚物我明，万象齐俱摄。

夫道者，有清有浊，

有清者，清空旷大，神谷寂虚，一炁冲和，故名有清矣。有浊者，周罗万物，无所不容，无所不入，贯穿世界，细透毫毛，故曰有清有浊矣。颂曰：清浊定浮沉，阴阳运古今。天空垂玉象，地厚产琼林。晴倚曹溪路，神凝法海深。但能明此理，方显道人心。

有动有静。

有静者，大道寂然无心。有动者，神用感而通玄。一动一静，可成真道矣。颂曰：动静道弘张，神丹射太阳。天魂收坎位，地魄入离乡。海底龙翻浪，山头虎战苍。生擒归昊境，性命得延长。

天清地浊，

天清者，混元一炁，拍塞冲虚，玄远极深也。地浊者，生人发地，无所不种，无所不收，处万民之污，故曰天清地浊矣。颂曰：地气接空苍，清天满四方。中间埋古迹，上下越新光。达者归真路，修然入道场。玉婴登宝殿，远望汨罗江。

天动地静。

动静者，主天圆地方，则自然千变万化，星移斗转，运斡枢机也。地静者，风吹浪卷，蠢然不避污染而不争。故名天动地静矣。颂曰：地静本无为，天枢斗柄随。生成无造作，设化有灵机。极目秋蟾朗，凝睛莹日辉。一阳收入鼎，进火养神龟。

男清女浊，

男者，阳也；女者，阴也。故曰是真阴真阳。此言非世中男女，见之不用，用之不见。故《德经》云：万物无不负阴而抱阳。故外阳而内阴。外者，身也；内者，心性也。何以故？乃至修行之人身静，岂不为男清，心性扰乱不宁，岂不为女浊矣。颂曰：物静心非静，身清性不清。迷真疑恍惚，意乱岂安宁？返照归金鼎，回光入宝瓶。分明开道眼，何虑不圆成？

男动女静。

男动者，非是交媾之为主。动则不定，定则不动。故动者，阳道所生，如拨云见日，磨镜得明。故曰阴返归阳，是名男动也。女静者，谓阳道开自然，神化虚明，不淫不邪，不憎不爱，不贪不嗔，不嫉不妒，不起不念，不妄不想，岂不为女静矣。又曰：离中虚，坎中实，明取坎中实点化离中虚，是名阴阳颠倒，还返之法，可成纯阳之道矣。颂曰：颠倒阴阳法，炉中采汞铅。清光辉满地，红焰迸周天。白虎池中卧，青龙火里眠。炼成真玉貌，身外舞胎仙。

降本流末而生万物。

降本者，末所生也。道德其本，一炁冲虚，发自然之理也。万物得其本，长养而不槁，枝叶荣旺，人得其本，神灵莫测，通现无方也。颂曰：降本冲和秀，随机物自生。两行红雾起，一道素烟倾。虎饮金乌髓，龙吞玉兔精。两般真至宝，悟者自神灵。

清者浊之源，

水清而渊明鉴照，其形自显，异于浊也。是清之泉源比喻于修行之人也。颂曰：心渊明彻底，道静鉴元通。玉户阳精溢，金关浩炁冲。合和收坎殿，匹配送离宫。始觉玄珠降，冲天耀日红。

静者动之基。

静者，道太虚空也。神得其用，出入无间，杳冥同体。故曰动之基也。颂曰：默默空无物，神明道体同。天清冲浪碧，地静涌波红。四象攒炉口，五行入鼎中。炼成丹赫赤，饵觉赴仙宫。

人能常清净，

天常清净，日月星皎白而虚明也。人常清净，精炁神宁而不散。故曰人能常清净矣。颂曰：色欲无情染，红尘绝往还。性光飞皎日，心地泛寥天。一炁烹元象，双关炼小鲜。精神穿宇宙，睒烁遍三千。

天地悉皆归。

人能清净，神通妙理，升入无为，周罗天地，细入微尘。故言天地悉皆归也。颂曰：清静处无为，无为达妙机。蟾宫奔玉兔，日殿走乌飞。闪出千光灿，冲开万象辉。包罗诸色相，天地悉皆归。

夫人神好清而情扰之，

人神者，大地秀杰，结聚灵明也。本自清静，随物生情，占尘惹垢。故言情扰之也。颂曰：富贵遮心翳，荣华眯眼尘。虽然观日月，不见本来真。寂湛颐元性，澄空炼至神。灵童开碧嶂，仙子跨麒麟。

人心好静而欲牵之。

心者，神明也。知内而为性，显外而为神。神本清静，随风错乱，物动而情牵之也。颂曰：开眼露天机，人心著处迷。恋情情欲扰，逐境境还随。抱朴通精粹，还淳达细微。一真烹万象，混合太渊齐。

常能遣其欲而心自静，

人能遣其欲者，割爱离亲，除情去欲，捐念忘机，自然性静心寂矣。颂曰：常能守静笃，方寸育神灵。闭户眠金子，垂帘抱玉婴。玄霜烹至宝，紫粉炼真精。结就玄珠灿，收来献上清。

澄其心而神自清，

澄心定意，湛寂渊明，返本还元，如水不动，故曰澄其心而神自清也。颂曰：欲要识灵源，知空在目前。澄澄心月现，湛湛性光圆。炁秀通神圣，神风化羽仙。逍遥归海岛，三界独绵绵。

自然六欲不生，

六欲者，眼、耳、鼻、舌、身、意是也。不生者，眼观无色，神不邪视；耳听无音，声色不闻；鼻息冲和，不容香臭；舌餐无味，不甘酸甜；身守无相，不著有漏；意抱天真，不迷外境。故曰六欲归真，自不生也。颂曰：归真除六害，漏尽免三灾。识性通玄路，知心道眼开。木人游昊景，石女玩仙阶。日落清秋夜，天边抱月来。

三毒消灭。

三毒者，身业、意业、口业。消灭者，善养精炁神，除尽贪嗔嫉。故曰三毒消灭也。颂曰：六欲成金藏，三灾化宝珠。七情无染著，十恶永消除。拂拭冰台净，光华不卷舒。抱将游陆地，独步入清虚。

所以不能者，

修道不能除情去欲也，心有所著矣。颂曰：不能行此道，性返转生疑。打坐劳心力，参禅枉用脾。住行安有分，坐卧镇相随。要见开清眼，神光满室辉。

为心未澄，

心性不宁，扰乱乃多。神游外景，观于徼，著于物矣。颂曰：上善水心渊，澄清照碧天。世情多苦恼，人被业缘牵。逐浪迷真性，随波昧本源。一灵归苦海，万劫不回还。

欲未遣也。

终身不救，物转于心矣。颂曰：修幻妄施功，于真事不同。有为如电影，执相若飘风。物假心非假，身空性不空。一灵知有主，万法悉皆通。

能遣之者，

转于万物，心处无形，颐神居妙也。颂曰：颐心达圣机，无相等虚齐。潋滟澄波静，阳渊极渺弥。流通周匝界，游历大神威。月照乾坤莹，清风相送归。

内观其心，心无其心；

返观其心，默然而无心。其心者，开目澄空，明见真心。真心者，湛寂无物，混日纯一。故名其心也。颂曰：返照见天心，圆明湛碧深。无无真实相，有有觅难寻。山海无遮障，天灾祸不侵。真人谁作伴，风月是知音。

外观其形，形无其形；

形者，是地、水、火、风也。此者是名有漏之身。非有漏之身，是故无相之真。无相之真，如仰水看月，似天空运转纯风，神凝炁聚，可成真道矣。颂曰：外观有漏相，幻化即真形。去住何移迹，安然不暂停。中间藏恍惚，内外窈冥冥。涣若冰将释，沉沉觉海清。

远观其物，物无其物。

内外皆无，即远而何有？此者无物，无物之中，别有奇异之物。经云：恍恍惚惚，其中有物。故言物无其物也。颂曰：恍惚遍无涯，壶中景物嘉。炉门倾玉蕊，鼎眼泛金花。虎绕明珠戏，龙喷万里霞。拨开云雾看，捧出夜明砂。

三者既悟，

此三者，说心、形、物，即于虚无也。悟者，了达也。颂曰：喻说分三体，知玄一也无。有无皆是幻，无虑道相扶。法眼为丹鼎，天门是药炉。炼成朱汞结，倾入一冰壶。

唯见于空。

表里中间，俱无所著，圆明坦荡，心入无为。故曰唯见于空也。颂曰：观空非色相，色相即真空。物我俱忘泯，方知太古同。周行行不尽，遍计计无穷。天纲玄网大，夷罗覆载通。

观空亦空，

观空者，道弘无相，万法无形。亦空者，神通妙化，一体归真也。颂曰：炳耀涤晴空，神游四海通。杳冥天地匝，恍惚太虚同。耿耿青霄月，飘飘碧落风。纵横穿上下，南北与西东。

空无所空。

空者不执空，为空不著有。为有心同，太极之中聚于玄妙矣。颂曰：落落遍无隅，冥冥运化虚。无形呼大道，离相号真如。一体无分别，三明有所居。廓然开妙法，万道素光舒。

所空既无，无无亦无。

了心达本，识性归宗，何执有无之教？有无之教，亦是假名。若无假名，真心何显？故有即于无。无者非落空之法，无备于有，有者非以物类穷之。故曰有无自然也。颂曰：至诀清虚道，明知物外中。娟娟辉昊景，奣奣耀苍空。鼎破心珠赫，炉开慧日红。澄凝丹汞结，运入广寒宫。

无无既无，湛然常寂。

能知空是不空，执有而不有，故本性湛然常寂矣。颂曰：湛湛无瑕谪，通幽过目星。乾坤冲拍塞，天地旷然明。性觉虚心寂，神瞑绝梦惊。豁然开古道，月照水晶城。

寂无所寂，欲岂能生？

不寂而所以寂，故曰天真满目，妙道归源，欲岂能生也？颂曰：寂静物皆捐，虚心养浩然。面容如朗月，碧眼似寒泉。皎皎归真趣，昏昏法性豳。一潭秋水莹，万派素波渊。

欲既不生，即是真静。

欲既不生者，涤除繁虑，诸欲消亡，寂无所欲，欲岂能生？真静者，神光虚焕，通显灵明，返归清净矣。颂曰：清净心通圣，无为化有功。珠凝金鼎内，宝结玉壶中。明似天空日，清如洞里风。冲虚生瑞彩，光罩五明宫。

真常应物，真常得性。

得性者，为真常妙道，应物随机，随机见性，见性明空，自得其性矣。颂曰：真静静无疑，阳光照眼希。步虚通妙理，旋绕达玄机。物物皆相应，般般总不知。返观烟浪碧，笑指洞天归。

常应常静，常清净矣。

常应者，见物见心，见心离物，离物明空，故曰真常得性矣。颂曰：清净本根元，于中性自然。二关精郁郁，一道炁绵绵。混合明真理，凝然悟太玄。空中知有象，应化出先天。

如此真静，渐入真道。

如此勤行真清真静之人，方达希夷妙理，物外天真。故言渐入真道矣。颂曰：大道洌空渊，昕光照满天。一明分造化，二契养胎仙。性达忘忧苦，心通合自然。点开无色界，返本复归元。

既入真道，名为得道。

道本无名，假名立道。认得无生无死之法，炼凡为圣，炼圣成神，神合其炁，炁通元首，名为得道者也。颂曰：得道幽深远，仙风播世高。九天居自在，三海任逍遥。行满金书诏，功成玉簿标。神游登碧落，飞步越丹霄。

虽名得道，实无所得。

了达而不居，体用而无形，取有而无物，故曰实无所得也。颂曰：迷隔千山远，悟来一物无。取无无所得，弃有有相扶。有有将何有，无无亦假呼。观天明大道，露现一轮孤。

为化众生，名为得道。

假名立字，化于未悟之人，权为证果之教，故曰实无所得，实有所修也。颂曰：得者非为得，无修未是修。道弘包万象，心不系丝头。地魄腾空踊，天魂海底收。此般真至宝，不悟一生休。

能悟之者，可传圣道。

能悟真常之道者，摄群心而同归一体，变化无穷，出入无碍，可明圣道矣。颂曰：神明天暮骨，月照洞渊深。剖出荆山玉，挥开满藏金。自然通圣道，方显本来心。变化无穷测，移神入大音。

老君曰：上士无争，

太上言：上德之人处于无侣太空，天真妙道，寂然不动，无所争讼也。颂曰：上士知天命，焉能有所争？丹田琼蕊放，心地玉芝生。静室居闲坐，清空任便行。灵童含宝月，神用得精宏。

下士好争。

执于引教之术，动生人我，竞起是非，发于争讼矣。颂曰：下士好争强，功名自显彰。何劳著有相，争似贵韬光。闭目凝神室，开睛混太暘。自然知古道，心地得清凉。

上德不德，

上德者，注：太始无象，四极渊明，知心无心，故曰上德不德者也。颂曰：上德悟无德，无修解有修。道存圆觉海，神若载天舟。得岸离生灭，辞澜不再游。任从空外去，返性入瀛洲。

下德执德。

下德之人执著小乘之术，施为政事，德而落空，是名不德。如此之见，永离真道矣。颂曰：下德施功果，徒劳有相求。滞空沉妄想，执幻落阴囚。太始无名号，玄元有所修。回阳如见日，神炁自和柔。

执著之者，不名道德。

道者，无为清净，空寂湛然也。德者，神通万变，体用居常也。道德混纯，其理皆一也。执著者，执著种种有为之功也。颂曰：执碍法非通，虚劳谩费功。有为迷假相，无作契真空。恍惚乾坤象，杳冥天地踪。上清施大道，神用在其中。

众生所以不得真道者，为有妄心。

不得真道者，为人执著种种引教之术也。妄心者，为取小法，施为政事，常存于妄想之心也。真道者，通变无方，应用不离，至神至圣，其理自然，非为执见，不以妄心，是名清静，断除邪见也。颂曰：大道非空远，都缘翳膜遮。离微翻圣智，逐物返妖邪。心静俱无碍，神清岂有差。一轮炎日莹，照破洞云霞。

既有妄心，即惊其神。

既惊其神者，既有妄心，眼见心移，神不居妙。经云：常无欲以观其妙，常有欲以观其徼。既观其徼，即惊其神也。颂曰：不悟本元神，何言身外身。妄缘生嫉妒，逐念起贪嗔。永失玄元道，常迷太古真。虽然明日月，满眼是红尘。

既惊其神，即著万物。

不居其妙所，观其物迷沉颠倒，滞于边徼矣。颂曰：生死因矜泰，轮回为有情。妄缘心失理，系物道难成。离欲观空莹，归真眼界明。周行无障碍，心上坦然平。

既著万物，即生贪求。

万法不明，万物所拘，系物生情，贪爱无休歇也。颂曰：即物转贪求，迷情甚日休。利名心未罢，财色意中收。念念依他起，熙熙不自由。一生虚过了，争觉悟清眸。

既生贪求，即是烦恼。

贪求不止，烦恼忧苦，返归殃咎矣。颂曰：贪爱六根深，情迷入罪林。忧愁宜早拨，烦恼莫交侵。清净修身命，无为炼本心。定睛观昊景，物外见清音。

烦恼妄想，忧苦身心，

身受有为，劳而无功，身苦心恼，性乱神散矣。颂曰：贪心驰劣马，纵意任猿猴。妄想生颠倒，忧煎苦用求。神昏著物相，性昧逐沦流。背觉灵明体，迷沉万劫休。

便遭浊辱，

身心忧苦，混浊于耻辱，禀于错乱之人也。颂曰：邪淫身受触，浊滥昧心情。睃目扶清粹，舒眉转碧睛。张罗天地秀，豁落太渊清。混合乾坤象，阳精万派明。

流浪生死，

心滞于物，返正归邪，生死流浪。颂曰：生死何时了，轮回甚日休。但依清静理，好把自心修。遇夜开星月，终朝抱日头。满空昕宝鉴，遍照大神洲。

常沉苦海，

悟者为觉海，迷者为苦海。常沉者，迷昧真源，常沉苦海矣。颂曰：心欲情无底，身如破漏舟。水深难出离，岸阔怎生收？生死随波浪，轮回逐境流。迷沉归苦海，性命一齐休。

永失真道。

不达至理，乱取施为，多能已胜，驰聘落空之法，永失真道矣。颂曰：不论真常道，刚寻有所为。性迷终不定，心乱转生疑。上善如清水，灵源似渺弥。金泉高泛涨，溢满照天池。

真常之道，

真常者，日用而虚化，故言常道矣。颂曰：神用至真常，明知道德乡。玉炉收白雪，金鼎聚红霜。地裂明心印，天开睒性光。灵童归海藏，独卧水晶堂。

悟者自得。

自得者，不修而修，不为而为。悟者目隐玄机，明开妙道，通现真空矣。颂曰：敛意转睛瞳，自然见法身。运天明日月，叩道照乾坤。奤耀龙珠灿，煌辉琥珀殷。玉婴眠宝殿，莹净绝红尘。

得悟道者，

得悟者，为明开道眼，了达无为也。颂曰：知玄通古道，得悟了真常。郁秀缭空野，氤氲满太苍。日魂光雪莹，月魄照银霜。放出神光灿，圆明入故乡。

常清静矣。

天清垂象，地静安车。人能清静，神契大道，守一居常矣。颂曰：意静觉心清，风临对月明。满天珠露降，大地水银平。玉户明金子，金门现玉婴。撞开天斗柄，走上太阳星。

仙人葛玄曰：吾得真道，曾诵此经万遍。此经是天人所习，不传下士。吾昔受之于东华帝君，东华帝君受之于金阙帝君，金阙帝君受之于西王母，西王母皆口口相传，不记文字。吾今于世书而录之。上士悟之，升为天官；中士悟之，南宫列仙；下士得之，在世长年，游行三界，升入金门。

左玄真人曰：学道之士持诵此经者，即得十天善神拥护其人，然后玉符保神，金液炼形，形神俱妙，与道合真。

正一真人曰：人家有此经，悟解之者，灾障不干，众圣护门，神升上界，朝拜高尊，功满德就，相感帝君。诵持不退，身腾紫云。

太上老君说常清静经注

左右街弘教大师传真天师
赐紫广成先生杜光庭注

太上老君

太者，大也。上者，尊也。高真莫先，众圣共尊，故曰太上老君。老者，寿也。明老君修天修地，自然长寿，故曰老也。君者，尊号也。道清德极，故曰君也。以明老君为众圣之祖，真神之宗，一切万物莫不皆因老君所制，故为宗祖也。

说常清静经

此明清静之理。且常者，法也。常能法则此经清静也。清者，元也。静者，气也。经则法也，一则为圣人之径路，二则为神仙之梯凳。凡学道之人皆因经戒而成真圣。圣人未有不假经戒而立，不因元气而成道者也。此一章之句分为三段，先明无形之道，次说运行之理，下明无名之法。第一明大道无形，第二明大道无情，第三明大道无名。第一明大道无形，能匠成天地，分判清浊。

老君曰：大道无形，生育天地。

道者，开口动舌、发言之词也。又云：道者，虚无之炁也，混沌之宗，乾坤之祖，能有能无，包罗天地。道本无形，莫之能名。无形之形，是谓真形；无象之象，是谓真象。先天地而不为长，后天地而不为老。无形而自彰，无象而自立，无为而自化。故曰大道。经云：视之不见。故曰无形。杳杳冥冥，其中有精，混混沌沌，分为阴阳，故为天地也。育者，养也。长养阴阳，故为生育也。阳者，清也，上腾为天。阴者，浊也，下潜为地。天地者乃大道之子也。此一段明无情而运行，阴阳之用也。日月者，是阴阳之精气也。

大道无情，运行日月。

自无而生有，造化以成形。故天无精气，无以制日月之明；地无精气，无以制山岳镇焉；人无精气，无以制身形之存焉。故曰日月禀阴阳之所运行。故知道之无情，随机而所化。又云：天何言哉，四时行焉；地何言哉，万物生焉。经云：用之不可既，无情而运行日月也。日月者，大道之用也。此一段明无名，而万物自生，长养万物。

大道无名，长养万物。

故元气无形，不可名也。经云：道隐无名，乃生于天地。故曰：道生一，一生二，二生三，三生万物。万物者，五行之子孙也。三才者，万物之父母也。道者，三才之祖宗也。故元气清静，不可常名也。凡学道之人且在观宗察行，若能智性无碍，可以登涉大道之径，游于三才之外，常人无所能知也。前章明无形无名，故能运行于日月。此两句乃是太上之自称，无名之名，强名为道也。

吾不知其名，强名曰道。

吾者，我也。此明太上自言，吾不知其名，强名曰道。此故亦明上德不德，是以有德之义也。老君匠成天地，开辟乾坤，变化万物，不言我为缘。道法自然，不能名号。一则从有入无，或从无入有，隐显无方，存亡自在，岂有常名之称焉。故经云：吾不知谁之子，象帝之先。又云：吾不知其名，字之曰道。前两句明太上之所自称，缘道无名。此后九句明大道尊卑之体，以元炁清静，以天地男女为喻。就此章中，分为三段：第一明道分清浊动静之喻；第二明天地男女动静之机；第三明万物本末之由。

夫道者，有清有浊，有动有静。

清者，天也，正阳之炁上腾为天。浊者，地也，正阴之炁下结为地。夫者，发语之词也。夫道能清能浊，能动能静，以至大道无测，常名清浊动静，皆为至道之用。凡曰学道之士，若能明动静之炁，安其位，则至道自来归之。动静合宜，故为正色也。此四句与前三句俱明清浊、动静之理。并后二句，共成一章，以契至道尊卑之位、本末之由。于三段之中，第二段明男女清浊之用、动静之机。

天清地浊，天动地静。男清女浊，男动女静。

《列子》曰：天积炁尔，地积块尔。天地相连，终不相离。自地以上皆是天也。有诸天诸地，其名不一。四面八天，上有三十二天、三十二帝，皆清炁也。下有九地，九地之下谓之风水。风水之下，冥冥不测。自九地之上，上至诸天，皆出混元之图也。《上清经》云：诸方各有五亿五万五千五百五十重天，天地之数亦然。此乃以彰至道之尊，大无不包，细无不纳也。男者，阳也；女者，阴也。夫人在于母腹之中受胎之日，皆禀天地阴阳之炁以成其形。禀天地纯阳之炁者，以成其男。十月之中，常在母左腋下者，男也。禀天地纯阴之炁者，以成其女。十月之中，常在母右腋下者，女也。女之水性，极阴之炁，故为静也。男之火性，极阳之炁，故为动也。动者飞升，上应于天。静者浊滞，下应于地。故云天尊地卑，乾坤定矣，男尊女卑，阴阳分矣。故曰男动女静。此二句明本末之由，与前七句合为一章，义分三别。

降本流末，而生万物。

本者，元也；元者，道也。道本包于元炁，元炁分为二仪，二仪分为三才，三才分为五行，五行化为万物。万物者，末也。人能抱元守一，归于至道，复于根元，非返于末。末者，化也；本者，生也。人能归于根本，是谓调复性命之道者也。《南华真经》云：生者，神凝也；死者，物化也。人能归真神，归真神是谓返本还源，不可逐物也。此一段四句明清浊之源、动静之基，人能有道，道自然皆归。

清者浊之源，动者静之基。人能常清静，天地悉皆归。

清者，天之炁也；浊者，地之炁也。皆因清浊之炁生育万物。世人若求长生之道，炼阴为阳，炼凡成圣，皆因清自浊之所生，动因静之所起。清浊者，道之别名也。学仙之人能坚守于至道，一切万物自然归之。故《西升经》云：江河淮海，非欲于鱼鳖、蛟龙，鱼鳖蛟龙自来归之。人能清虚，寡欲无为，非欲于至道，至道自来归之于人。但能守太和元炁，体道合真，万物悉皆归耳。此四句明心神本来清静，皆因世欲之所牵也。

夫人神好清而心扰之，人心好静而欲牵之。

神者，妙而不测谓之神。心者，神也；神者，心也。心扰则神动，神动则心浮，心浮则欲生，欲生则伤神，伤神则失道。人能调伏其心，内安其神，外除其欲，则自然清静。谓下文也。此一段四句，明修行之功，遣欲澄心，自然清静也。

常能遣其欲而心自静，澄其心而神自清。

遣者，去除之喻也。人能去其情欲，内守元和，自然心神安静。心既安静，世欲岂能生焉？故引《西升经》之言，所谓教人修道，即修心也；教人修心，即修道也。故以令人绝利一源，修真养性，次保心神安乐。故圣人云：修真养性，载神扶命，则离苦升乐，福庆延流，而成真道矣。此两句为一段，明修真至神，六欲三毒自然消灭。

自然六欲不生，三毒消灭。

六欲者，六根也。六根者，是眼、耳、口、鼻、心、意也。欲者，染著之貌、情爱之喻。观境而染谓之欲，故眼见耳闻，意知心觉。世人若能断其情，去其欲，澄其心，忘其虑而安其神，则六欲自然消灭，岂能生乎？内神不出，六识不动，则六根自然清静，故不生也。三毒消灭。三毒者，三涂之根、三业之祖也。三者，身、心、口也。人有身时，身有妄动之业，心有妄思之业，口有妄语之业。此三业又为三毒。又云，三毒者，乃三尸也，彭琚、彭瓆、彭矫。上尸好华饰，中尸好滋味，下尸好淫欲。人若能断得其华饰，远其滋味，绝其淫欲，去此三事，谓之曰三毒消灭。三毒既灭，则神和、炁畅、精固，三元安静，三业不生，自然清静。三元者，上元、中元、下元也。上为三境，生于万物，天下三元掌人性命。且上元主泥丸脑宫，为上丹田；中元主心府绛宫，则为中丹田；下元主炁海，属肾宫，为下丹田。此之三元，上主于神，中主于炁，下主于精，故乃掌人之性命也。人若能绝其三业，保此三宫，更辩四时之炁，运转精华，往来无穷，则三丹田固实，万和柔顺。心若太虚，内外贞白，皆因三尸消灭，除假留真，乃为清静之道矣。前明修真至神，六欲三毒自然消灭。此明迷惑未断，而心有所染著，故未能穷于妙用。

所以不能者，为心未澄、欲未遣也。

人若能去前三业，则三尸灭，三尸灭则保其三丹田，三丹田固实则炁通畅，往来无穷，即无世欲牵心，故为清静之道。若未能专勤志意，澄心绝虑，则心不能内修至道，难穷妙用之理，则无所制伏于心猿，即渐失精神。精神既失，则六根妄起，世欲牵缠。此谓自不能解于生死之罗，难出轮回之网者也。前章明能与不能修习，此章独明能修而不著，破执而成真。九句正经，义分三别，合为一段。

能遣之者，内观其心，心无其心；

人能断情，绝贪去欲，即无三业之罪。不以专志，修于内行，守于绛宫，自内观己心。心者，火也。故引《内观经》之言，心者，火也，南方太阳之精，主于火也。上应荧惑，下应心也。心为绛宫者，神也，妙用不测，变化无定，神明依泊，三叶如莲花。又云，制之则正，放之则狂，清静则生，浊躁则亡，明照八表，暗迷一方。故使学人可以观之者，心处于形内，不以形观心。既使形观，则为二义。形者舍也，心者主也，舍不能观主，故不可观也。可使神观心。神者炁之子，炁者神之母。但心意引炁，存神而观之，自然感应。何以知之？古德云：为使炁神，神之与心，炁之与道，不相远离。故圣人设法教人，修道即修心也，修心即修道也。心无所著，即无心可观。既无心可观，则无所用、无所修，即凝然合道。故心无其心，乃为清静之道矣。

外观其形，形无其形；

心者形之主，形者心之舍。形无主则不安，心无舍则不立。心处于内，形见于外。内外相承，不可相离。心形俱用，不可观执。凝然混沌，有若无形，亦非无也。若非无心，岂能忘于形体乎？心忘形体，故曰无心。本经云：吾有大患，为吾有身。及吾无身，吾有何患？心之与形，动无所染，静而无著，此谓形无其形也。

远观其物，物无其物。

五行造化谓之物。又云，块然有凝谓之形。凡有形质者，俱谓之物也。物无其物者，谓之真，真空也。本经云：恍兮惚兮，其中有物。物者，道之妙用也，非世之常物。

三者既悟，唯见于空。

三者，心、形、物也。内外中间，俱无所著，是名无为。既入无为，是名空法。空者，道之用也。有用有著，不名于道矣。前一段分三事，此一段独明无空寂，虽名空寂之理，则俱无所著，即为真道也。此一章六句，合为一段。

观空亦空，空无所空。

空者，真空也。空法之相，乃有二种：有大空，有小空。大空者，无为不为之理。小空者，破有归无，以无为为无，是名小空。此二空俱无，即自然不染正性，乃成真道也。空无大小，亦无所去，有著即显，无著即隐。空法之相，即随影而见形，若言无见即断灭。其法长存，如水似镜，在人之身，掌人之性命。凡居有质，皆借道以成形，一切物类，无不从道而生。大道坦然，常存于物，非为断灭者也。

所空既无，无无亦无。

空者，亦非大非小，喻如道性，本无长短，亦无尘垢，悟即谓之真空，不悟谓之假相，非为至道。《上清经》云：空假之相，还复成假，亦非为假。道法自然，本无空假。天尊慈悲，乃立空假之相，善巧方便，随机应化，教道人天，皆归至道。所说空相，亦非空相。空相是道之妙用，应道用即有，不用即无。非无非有，非名为道。道本无形之形，真之能名；德本无象之象，是谓真象。杳杳冥冥，其中有精，其精甚真，非无为也。万法俱无，是为空无。空无之道，亦非自然。破此空无，还归于无也。

无无既无，湛然常寂。

无无者，无执也。虽无执见，归于寂法。寂法亦无，非为寂也，亦非空也，亦非无也。非空为空，谓之真空。非无为无，是无中之法。法亦俱无，归于真寂。真寂亦无，非为无法。不有不无，非空非色。假名称见，化导众生。种种分别，皆为执见。执见既无，名曰自然。清静非为空寂之法，空寂既无，则湛然常存，豁然无碍，即谓之真常之道也。前六句明空寂之理，此一段四句明空寂俱无，自然无欲，即成真道也。

寂无所寂，欲岂能生？

此明法相皆归寂灭，真道自然，长存不去，无著无欲，自然成道也。

欲既不生，即是真静。

真静者，自然无欲也。有欲则患生，无欲则道生。本经云：吾有大患，谓吾有身。及吾无身，吾有何患？无身者，无欲也，无欲谓之真身。真身者，道身也。前四句明无欲无寂，此四句明真性之道，随机应物，无所不应，自然清静。

真常应物，

真者，体无增减，谓之真。常者，法也。常能法则，谓之真常之法也。法则真常，应物随机，而化导众生，无所不应于物，道之物也。常者，道之法也。应者，道之用也。法用无有，皆为常道，常道之中，自有真应之道。故云真常应物，道之妙用也。

真常得性。

凡欲得成真性，须修常性，而为道性得者，动也。动其本性，谓其得性也。

常应常静，常清静矣。

既在道性，本求清静，自然应物，常用于世，无染无著，无垢无尘，随机而化。本经云：上善若水。水善利万物。又云：和其光，同其尘，湛兮似或存。存者，道也。本清静常应，而无所不应，随方而无所不静，故云常清静矣。此一段六句，标前清静之性，道性既清静，乃得真性，既得真性，返归于无得之理也。

如此清静，渐入真道。

此言清静之性，名为真道。经中不言，令人须假性修，渐进而成真也。真者，能长能久，不增不减，与天地齐寿，故为真道也。

既入真道，名为得道。

既入真道，名悟修真。炼凡成真，炼真成神。神真者，道也。故与天地同寿，日月齐明，造化万物，故名为得道也。

虽名得道，实无所得。

道者，无得无失，亦无常形。本经云：道本无形，莫之能名。故云虽名得道，实无所得也。大道常存，亦无去住。又云：上德不德，是以有德。前明真性之道返归无得之理，此明大圣立教，以无名之名，强名为道，教导人天，应接群品，虽无正形，悟者必得。

为化众生，名为得道。

化者，返以守真谓之化。化者是迁变之义，逐换应见之名。化别种种，应见容仪，有无莫测，诱化时人。诱化者，指事为喻，恒劝开悟教道之名。普令后学之人舍恶从善，惜身保命。故要归于圣教，只如太上西化流沙八十一国，亦法视相。或见大人，身长千丈，或见小人，身长丈八，变见无方，易形改号。或为金仙，或曰梵仙，随方设化，同体异名。教人修道，去妄成真，乃立清静之教，皆为化也。应见降生于太清，涡水之右，真源之左，九井长存，双桧犹在，见其道相，以化人天。又《圣纪经》云：老君自上古混沌初分，或以未分，开辟天地，安置日月星辰，分配五行，造化万物，代代不休。为天王之师，时人莫能知之，非独为西国演化。所言道本自然，无所不入，十方诸天，莫不皆弘至道。普天之内，皆为造化。蠢动含生，皆有道性。若能明解，即名为得道者也。

能悟之者，可传圣道。

悟者，觉也，犹通也。通者，达也。凡学仙之士，若悟真理，则不以西竺、东土为名，分别六合之内，天上地下，道化一也。若悟解之者，亦不以至道为尊，亦不以象教为异，亦不以儒宗为别也。三教圣人，所说各异，其理一也。本经云：同出而异名。又云：道生一，一生二，二生三，三生万物。能悟本性，非分别所得也。但能体似虚无，常得至道归身，内修清静，则顺天从正，外合人事，可以救苦拔衰。以此修持，自然清静。传者，付度之名也。人能清静，至道自来，不求而得，不学而成。本经云：天道无亲，常与善人。清静自然，圣道归身。所以言可传圣道也。凡此一段，前独标无争无德，后学众生皆执偏见，妄情所起，失道迷源。老君又彻其前意，以上下有殊，乃破执性。

老君曰：上士无争，下士好争。

争，求静也。所言上士好争处而求安，静本性而自静。争者，执有也。上士不执有见，非为喧争也。缘下士求达本性，故好争而求静，以其执见而求之者也。是名能体道合真者，不著于耳、目、鼻、口、身、意之病，亦不著于咸、苦、辛、甜之味，亦不著于宫、商、角、征、羽之音。此之执见皆非本性。此者下士好争之理，诸见无心，岂有争乎？人若无争，为清静也。

上德不德，下德执德。

德者，贵也，有名称也。上德者，明上古之君本无名号，亦无所称，故言不德。本经云，上德无为者，道德所称也。又云，有若无，实若虚。道者若执有见、有名，即非上德也。本不有不无，不虚不实，应用即有，昧用即无。故云：知者不言，言者不知。知而不言者，隐也。又知可如不知，知不知上，不知知病，故云知者不可言也。故云上德不德，下德执德也。下德执德者，有名迹功业，以成称名自见。凡诸有见，皆生分别。又本经云：迎之不见其首，随之不见其后。何以分别？既有分别，即为执德。若能除两件之心，乃名为自然之道。两件者，有为、无为之法。或立无为为是，破有为为非；或执有为为是，乃破无为为非。此是两件之心。至道自然，亦非有为，亦非无为。故至道自然，湛寂清静，混而不染，和而不同，非有非无。凡学仙之士无以执非，但俱无执见，则自达真道，超越三乘，悉归一乘。道不为下，故执德者不名为道矣。

执著之者，不名道德。

前说执德以为下德，故执诸相，行流涉于有为，不名道德也。道德者，通变无方，存亡自在，应用即见，能尊能贵，悉皆自然，非执见之人。若执见之人，岂能知之乎？此一段明众生所以不得真道，至常清静矣。

众生所以不得真道者，为有妄心。

妄者，动也。情浮意动，心生所妄，动者思之，因妄者，乱之本也。一切众生不得真道者，皆为情染意动，妄有所思，思有所感，感者感其情而妄动于意，意动其思而妄生于心。人若妄心不生，自然清静。又云，妄动者，亡也。皆亡失其道性，故逐境而感情，妄动其心，故不得真道。

既有妄心，即惊其神。

惊者，心之极畏，名曰惊也。非只指于心惊也。惊有二说：一则内修清静，乃忘于形而惊其神。二则外习事业，乃劳于心而惊其形。外既惊其形体，内诱则惊于其神。若得心神安静，则外欲不生；欲既不生，自然清静也。

既惊其神，即著万物。

凡人若惊其神，则外有所著于境，内则失于正性。万物者，众多之名也。缘道贵守一，不可著于万物而惊其神也。夫人得生于世，故禀地、水、火、风四大之中，和炁而生，按三才而所育，贵亦难胜。若能安然不动，内守元和，则思虑不惑，自然清静也。

既著万物，即生贪求。

贪者，是爱著之貌。虽名爱著，亦有二种分别之义：一者贪于世事，外求华饰，欲乐其情，则为阴咎，不合于阳教。既属于阴，即不能清静，乃为浊滞也。二者贪于进修，穷寻真教，坚求至道，此为内贪。名为贪，其理合于阳教，即轻清而为正，阴即浊滞而归邪。若能体道合真，自然清静也。

既生贪求，即是烦恼。

然贪外事，渐渐断除；贪求内事，勤勤修进。虽即内求至道，不可坚执之，亦乃生烦恼。凡言烦恼，亦有二种，分别轻重：一者轻烦恼，二者重烦恼。一轻则是贪求至道，执之亦生烦恼。二则是外求世法，名重烦恼。轻即合阳，是名为清；重即合阴，是名为浊。虽分轻重，则不可执之。执犹著也。既贪著即生迷惑。但以舍重弃轻，内守元和，湛然不动，故谓之怀道抱德，自然淳朴。夫长生之道全在养神，若守元和不失，神即居之。神若居则心大安，忻忻而若喜，自然清静，岂有烦恼生乎？

烦恼妄想，忧苦身心，便遭浊辱，流浪生死，常沉苦海，永失真道。

身心耽著外境，忧苦自生于内。浊者，染也；辱者，污也。身心染污，自归流浪者，返复也。返复生死，不离轮回，流浪于苦海之中。苦海者，忧苦之海也。海者，大也，忧苦事不能免也。非干至道不慈，自为人心造作。夫学道之士，但内守其一，外除其想。一者，身也。圣人皆云存三守一。三者，精炁神也。但守其身，必存于三也。故《西升经》云：守身不失，常存也。专守其一，不生妄想，即免于苦海沉沦，忧苦不著于身心，自然解脱，合于清静。故圣人遗其经文，以正其义，施大法桥，开其径路，教化未悟，令入妙门。此明人皆自失真元，故非为至道不慈者也。

真常之道，悟者自得。得悟道者，常清静矣。

真道者常存，非古非今，非生非灭，外包天地，内入毫芒，法则万物，常用于世。人能悟解，虽己自得，非为化物也。夫太上所言，人能觉悟，悟则本性，谓之得道也。亦非至道难求，亦非易得也。本经云：天道无亲，常与善人。又云：道本无形，莫之能名。得悟之者，唯己自知。善人常能守于清静，即皆为得其真道者也。

此一章至书而录之，总为一段。先明仙翁诵持此法，次明传授帝君，天宫洞府，悉皆秘隐，非为常轻者也。

仙人葛玄曰：吾得真道，曾诵此经万遍。

仙人姓葛讳玄，字孝先。初学道之时，常诵此经，后得神仙之道，今位登左仙翁者是也。仙翁有孙，名洪字稚川，今之世人皆只呼抱朴子。祖代求仙，皆成真人矣。仙翁初入道之时，居长白山，或居东岳。自后遍历名山，殷勤求道。成道之后，隐迹潜形，唯留经教于世，劝悟后学之徒。凡言诵经万遍者，万遍即万行圆备也。又《灵宝经》云，万范开张者，乃明诸天梵炁弥罗，无不周遍也。范者，法也。万法皆同，内外俱应。分即为万象之形，聚为万神之体，此乃为圆满之义也。又云，万遍道备，飞升太空，万神之备。万遍既周，乃成清静之道，非只为诵持经文，何必苦于形而劳其神者也。

此经是天人所习，不传下士。

天人者，极阳之仙也。天仙者，碧落飞腾，游行自在，两腋有毛羽，亦名羽客也。凡是天仙羽客，住于三清之上，常行于经法，亦非轻传下士。世人若修天人之行，即谓天上人也。

凡欲修学之士，何不诵习此经，日有进修之业，若无退慢之心，是谓有进无退之士也。亦不令轻传下士。又圣人云，经法流行于世，学人若遇，须当宝而贵之，不可轻泄。如逢贤士，有心即授，有善即传。此盖流通救度，要其悟解者也。可传可授，弘在人矣。

吾昔受之于东华帝君，

吾者，仙翁自称也。东华者，按《上清经》云：东方有飘云世界碧霞之国，翠羽城中苍龙宫，其中宫阙，并是龙凤宝珠合就，上有五色苍云覆盖其上，故号苍龙宫也。乃是东华小童君所居之处。此明仙翁自云吾逢彼帝君，即传受此经，且非轻传于下士也。

东华帝君受之于金阙帝君，

金阙者，西方有琅玕世界琼瑶之国，琉璃宫内，其中宫阙，并是琅玕宝珍琉璃合就，故号曰琉璃宫也。有一帝君于宫内亦宝秘此经。又云金阙帝君者也。应其名号，或太上分形化体，名号有殊。《上清经》云：后圣金阙玄元黄帝老君，太上是也。又《尹氏玄中记》曰：太上老君常居紫微宫，或号天皇大帝，或曰太一救苦天尊，或号金阙圣君。故知太上随方设化，应号无穷。即知先圣金阙西方琼瑶国主帝君是也。上圣帝君尽皆宝秘此经，何况后学传受，修持讽诵，岂不钦崇，重而行之者乎？

金阙帝君受之于西王母。

王母者，诸天神王帝主之母，居于昆仑。按《天地论》曰：王母居昆仑西侧黄河出水之处。王母者，是天地之母。又云，天公、地母主统众真，总摄三界，天上天下，是王母为至尊之母也。昔于金阙帝君受得此经，其帝君受此经于西王母之时，亦非轻传于下士也。

西王母皆口口相传，不记文字，吾今于世书而录之。

口口相传者，古圣人传受经法，皆以内藏心腹秘受经文，流通行化，教导人天，并不记文字，即不以今世所见也。自仙翁后来，故书此经，传于下世，普遍流行，即要拔度后学之徒者也。前明先圣传受，次明后学尊卑，若能悟解真道，则随功而获果矣。

上士悟之，升为天官。

上士者，外炼形质，内养精神，外和其光而同其尘，内修功而保其元也。元者，元炁也。元炁是神之母。人能常存于元炁，下保于丹田，上固于泥丸，中守于绛宫，如此爱重，保于三元，是谓内养于神。神者，炁之子；形者，神之舍。神是身之主，身无主则不安，形无神而不立。上达之士常服日精，保于下丹田，饮于月华，保于脑户。脑户者，泥丸上丹田也，属阳，故使太阴精炁保之。下丹田肾宫气海属阴，故使太阳精炁保之。又《易》曰：一阴一阳之谓道也。且能待日月二景扶身形而行之，必升为天官也。是五云五炁者，是五行之正炁也。凡上道之人，五脏既真，五脏炁自生，五行真炁化成五云，扶其形质，上游三界。三界者，欲界、色界、无色界也。下游十方。十方者，四维上下是也。三界十方俱无滞碍，然后升入上清，得位为天官之号也。

中士悟之，南宫列仙。

金者，肺也。玉者，骨也。凡学道之士先须炼骨，谓之宝玉。炼肺保津，谓之炁金。石者，肾也。丹者，心也。安心息炁，保于肾脏，乃得延年，非为世间金石宝玉也。此之金石能保其命。又图南子云：外宝如何内宝存。此之谓也。若能内保于性命，然上参于上清圣文。圣文者，皆上清秘宝之书。下达玄微者，下元肾也。又《上清经》云：南方有丹灵天，内有蕊珠宫，内有一真君号曰灵天君。又云，朱阳宫或云朱陵宫，其天中内有炎炎火炼池，池有七宝宫殿，亦号曰紫阳宫。若有下达之士学道成功者，乃同司命真君录其姓名，奏上南宫，得为仙官之号也。

下士得之，在世长年，

下士者，未能绝利一源，皆求资身益命之道。或服灵药，或饵丹砂，或休名弃位，或淡静安神，或依倚林泉，或藏迹于朝市，内修至道，外合五常。或隐或见，体道合真。如斯不退，尚保延年，何况高士英贤隐于岩谷，学神仙餐药，而得白日升天。何故后人不能专至？即今西岳华山山居隐士丁、陈二人在世延年，注名以入仙位，况后人不能相效。故举此数喻，乃明至道无偏，求者必达。故本经云：天道无亲，常与善人也。又参同归一。

游行三界，升入金门。

《灵宝经》云：三十二天三十二帝，第六名上明七曜摩夷天帝，名恬愴延，此是欲界也。虽有此说，凡学道但去其欲，即名真人。又色界在二十四重天，无极昙誓天为色界，其帝君号名飘弩穹隆。又太素秀乐禁上天为无色界帝君，名龙罗觉长。此名三界，乃指天地而言，此为外，约大纲之说也。若喻人身而言之，三界即三丹田也。下丹田为欲界，中丹田为色界，上丹田为无色界。人若保守于三丹田，则精气神存上中下三丹田之境，真人游于三界也。若得三丹田神俱足，则自然升天矣。故经云，形神俱妙，与道合真，此之谓也。《上清经》云：大罗天在三十二天之上。又《灵宝经》云：三界之上，渺渺大罗。大罗之境唯有三清宫阙，莫不上圣高尊游于其上。又云，有五亿五万五千五百五十重天。此不具载。又唐贤乐朋龟云：原夫八十一天，比太上之半寿。此者大约而言也。学道人若先修内行，保固守于三元神，三元神俱备，自得升天，游于三清之境，出入金阙之前，朝拜太上，得为真人。故曰升入金门也。前仙翁书录乃标至学尊卑，此明真人所说，导引群生，普令诵持真经，得善神拥护其身，渐入仙真之阶。

左玄真人曰：

左者，阳也。玄者，一也。道君号得一，真人乃立其左右，阴阳一是也。故言左玄真人。左玄真人者号法解。为此真人大慈，仁者多请问因缘，下游五浊，救拔一切。复归三境，侍从尊慈，太上保之，称其名号。学仙之士但能存一，守于阴阳二炁，则为真人。何为守一？一者，道之本性。一为大也。又云身也。故引《西升经》云：爱人不如爱身，爱身不如爱神，爱神不如舍神，舍神不如守身，守身长久，长存也。学人未悟玄微，但且护形爱炁，轻物贱名，思虑不惑，则血气和平，如此即其一可存也。阴阳二炁即坎离之用也。故谓为真人之身。然后朝于太上，皆得为道之臣也。上则参于三境，下则游于十方，开导众生，教化未悟，引接群生，普令得其道，此即为真人之所作也。

学道之士，持诵此经，

持诵者，依本曰读，离本曰诵。学道之士，若能心正，道念不退，依法奉修，如对太上，行住坐立，常持专一，是谓诵持者也。

即得十天善神拥护其人。

此明学士心常念道，持诵真经，即得善神拥护。十天者，八方上下是也。《因缘经》云：每月十直斋，各有善神直日，亦为善神也。且人有三业、六根身形之业，故有十恶。十恶者，淫、杀、盗、嫉、妒、恚、恶口、两舌、妄言、绮语，此为十恶。十善者，身不妄行，心不妄动，意不妄思，性不妄乱，耳不妄听邪声，口不妄言绮语，目不妄视邪色，鼻不妄受邪秽，舌不妄贪邪味，识不妄受于惊怖，即名十善。十善既生，十恶自灭，乃得真圣相护。十行既周，自然清静。既生清静，则无烦恼。烦恼既无，乃成真道。

然后玉符宝神，金液炼形，形神俱妙，与道合真。

玉符者，玉皇之符也。令人学道功圆行满，升入仙阶者。先得玉皇符命，然后升仙也。玉符于身而论之，可明中元之事。中元者，心也。学人之心若能安静，自然无染于尘垢，清静而保固形神。若上等之人悟炼金液之道，以固形质。中士未悟，身外求药，合和修炼，以佇性命。若论出入之道，亦先固形体，然后养于神识而形体固，形瘦力倦，神者为彼之主，主安则外固。假如世之屋宅无人，则不能全矣。内外之事如此也。故引《西升经》之言：我身乃神之车、神之舍、神之主，主人安静，神既居之，躁动，神即去之。又云：神生形，形成神。形不得神，不能自生；神不得形，不能自成。形神合同，更相生，更相成。此事表里相应之道。又云，神常爱人，人不爱神。神常爱人者，愿其人生。人不爱神者，为心所扰也。心亦神也，其神名曰灵童，能恶能善，能昧能明，能喜能怒，能正能邪。使意马如风驱，心猿如箭疾，巧生千种，机出万端，皆在此神。又《内观经》云：心者神也，非青非白，非赤非黄，非大非小，非短非长，非曲非直，非柔非刚，非厚非薄，非圆非方，变化莫测，混合阴阳。大包天地，细入毫芒。制之则止，放之则狂。清静则生，浊躁则亡。人能清静，内修至道，制伏其心，心既安静，其神则生，神生则形固，形固成神。神借形而成，形借神而生，形神相借，安静修功，形固神全。故云形神俱妙，内外相应，自然与道合真也。前明诵持威力，修炼成真。此明真经道德贵重，世人悟解玄微，即得身超三界也。

正一真人曰：

正者，真也；一者，大也，亦为心也。心者，南方太阳之象，元处北方。因何太阳处于北方？为坎离中有一画，故为一阳，是谓心也。一是阴中阳位，二是阳中阴位。此是五行返复之理，阴阳变化之用，是谓正一也。正一真人者，汉天师也，姓张讳道陵也。今为三天大法师，位任正一真人，又为三清度师。其真人今居圣真之位，亦曾炼五行，修功为国，扶衰救苦，除害兴物，利济庶民，功圆行满，超凡成圣，位居高上正一真人。人若能修炼其心，自然开府通泰，神和气畅，皆由正一之事。今有天师所行正一斩邪三五飞步之道、铜符铁券、金丹宝经、秘诀灵章、二十四阶品录，此不一一载也。

人家有此经，悟解之者，灾障不干，众圣护门，

家者，身也。经者，心也。外学喻则家宅也。真人曰：家有此经，若能悟解玄微，清静身心，修行念道，持诵不退，即得众圣神人护卫其门。既得神人护门，则灾障不干于家庭，邪魔无犯于住止。皆因主人清静，故得神明护门。内举此喻，则家犹身也。心则经也。人能清静，行其至道于心，则谓之有此经也。悟者，觉也；达者，解也；通者，了也。觉了则谓心有经也。无经则未悟解，故有灾障，烦恼所生。若心了达，则无烦恼。烦恼既无，自然清静，灾障不生，故不干也。众圣护门者，人身中有三万六千神，左三魂，右七魄。身有一万二千形影，体有二万四千精光，五脏六腑二十四神，耳、眼、口、鼻皆有也。一一各有宫阙所居。人若清静，众神归身，各居宫阙，故云众圣护门。又三万六千神各居琼宫，即知烟萝先生语不虚也。

神升上界，朝拜高尊。

神者，心也。道典云：聪明正直谓之神，阴阳不测谓之圣。故云心灵则道降，道降则神灵，神灵则圣也。神明既圣，即可升也。升者，登也，升登于上界。上界者，则三界之上三清之境大罗天也。人能保精、养炁、爱神，调和十元炁，填补于脑，烹炼神水，变化精神，神炁若全，即得上升三界，朝礼太上高尊。凡学仙之士，所说朝元，即有二种：一论天地，二论人身。即明三丹田，且三界朝元者，即上中下是三元也。上元者，上应玉清，始炁所化，号天宝君，理玉清圣境清微天，总一十二部圣行之经，为洞真教主，下于人身中为上丹田脑宫，亦号泥丸宫帝君，以主于炁。中元者，上应上清，元炁所化，号灵宝君，理上清境禹馀天，总一十二部真行之经，为洞玄教主，下于人身中为中丹田心府绛宫帝君，主于神。下元者，上应太清，玄炁所化，号神宝君，理太清仙境大赤天，总一十二部仙行之经，为洞神教主，下于人身中为下丹田炁海肾宫帝君，主于命。此三元三宫三宝者，天地得之以成，失之以倾，人身得之以生，失之以死。故《黄庭经》云：一身精神慎勿失。故要保爱也。又云：仙人道士非有神，积精累炁以成真。凡学道之人，若能运用精华，存想神炁，朝拜三元，修功不退，久而行之，自得真道。故圣人云：心为使炁神，若知行炁主，便是得仙人。此明存想之道，皆以心而使之也。

功满德就，相感帝君。诵持不退，身腾紫云。

此明修道得果也。功满八百，行满三千。功行者，乃是修炼之功行也。学人若能行胎息之道者，日行八百，即可以升天，功行感应，自然升举也。古德云：功圆行满，升为金阙之臣，独步玉京之上道也。学人若能专守三宫，朝拜真元，百节关府自然通泰，万神和畅。相感帝君者，既存守三元，三元各有帝君也。诵持不退，则心念正道，谓诵持也。身腾紫云者，内观之道乃有正说。人有五脏属于五行，人若修炼五行，真炁传于五脏，故为实腹。五脏真炁既成，自然尸解，出有入无，变化自在，存亡恍惚，此为得道之中也。紫云者，五行真炁结成紫云，乃是上天之诰命之炁。故凡得道之人皆乘紫云而去，上升三境，朝拜太上高尊，以表得道人证于尊贵之貌也。

太上老君说常清静妙经纂图解注

太上老君说常清静妙经序

窃谓大而化之之谓圣，圣而化之不测之谓神。夫太上老君之神圣，居混沌之始，为万炁之宗，变化不可测也。于传考之，初三皇时为万法天师，中三皇时为盘古先生，后天皇之世为郁华子，神农时号大成子。至轩辕时为崆峒山人，号广成子，授道与轩辕氏。少皞时化号随应子，颛帝时号赤精子，帝喾时号录图子，帝尧时号务成子，帝舜时号尹寿子，夏禹时号真行子，商汤时号锡则子。虽累世化身而未诞生之迹。至商王阳甲时分身化炁，寄胎于玄妙玉女八十一年，至武丁时庚辰岁二月十五日卯时诞于楚之苦县濑乡曲仁里，母攀李树，从左胁降生，须发皓然，其颜如童，遂以李为姓，名耳字伯阳，谥曰聃，号曰老子。至周文王时为守藏史，武王时迁柱下史。见素抱朴，少思寡欲；执古之道以御今之有；隐道不彰，谦德不显；内则固真养命，外则远害全身；博古知今，无理不澈。东训尼父，故有如龙之叹；西化金仙，大地作狮子吼。述《道德》五千言，授之尹喜。历代变现，以道弘化。为见世人贪迷不悟，自失元真，故说《清静经》一卷，为诸经之首。其言简而道奥，垂示生死之因，开化玄风，诱人向道，领悟三生之理、不死万劫之真。余尝参究其经，未得其趣。近因师点开心，易得造化真常之宗，始识羲皇画卦之妙，方知孔圣赞《易》之音，究其金仙般若之道，若合符节。夫太上之圣，超生死而独立，亘今古而无双，是以百王取则，累圣攸传。人或以为虚无异端之教者，便是非圣人者无法。道本不远人，人之为道而远。人得之者，愚可以智，浊可以清；修之者，石可以金，凡可以圣，出乎三界之外，永为上仙，岂不玄哉！余以管窥之见，将是经逐节引先圣先贤之语，解注于下，而又纂图贯通经注，曲畅旁通，一览澈见，言辞虽鄙，无非直解其义。未敢为是，其与我同志者鉴诸。混然子王玠道渊叙。

太上老君说常清静妙经纂图解注

混然子王玠道渊纂图解注

太者，无大可谓之太也。上者，无极可极谓之上也。老者，道尊德贵亘古今也。君者，主也，一灵为万物之主宰也。说者，开化也。常者，真常之道，不变不易也。清者，至虚无体也。静者，至洁无杂也。妙者，玄之又玄也。经者，天道之常、人之有心也，又言人人共行之径路也。太上见世人生居劫浊之中，贪著物欲，昧了本初之性，忧道之失也，不得已，故说《清静经》开化世人，诱引知其本末。言人初生是为赤子，赤子之心未尝有不善，只因年渐长成，眼中见色，耳中闻声，鼻中嗅香，舌中知味，贪爱不息，习染渐深，是以情牵欲蔽，与道相违。人若能清其心，静其性，明其善，复其初，一念不生，诸尘不染，自然清静，与道合真矣。

老君曰：大道无形，生育天地；大道无情，运行日月；大道无名，长养万物（道生自然）。

大道者，至虚无体，本无形、无情、无名也。当浩劫之始，已有梵清景三气，太清、太微、太素，隐而无象，溟溟涬涬，辽廓无光，一混沌而已。浑是阴气，里外虚中，有个乾健不息之理，蟠旋而极，是有一阳初动于中，便生奇耦，分阴分阳，生育天地。清气上而为天，浊气下而为地。天地既判，万物居其中。阴气出地，而复上升于天，阳炁从天，而复下降于地，阴阳往来，循环不已。是以日月运行，五炁顺布，四时行焉，故能长养万物。大则天地，小则微尘，无一物不是道之化育。善参究者，反身求之，我身即天地。道虽生我无名，我故名之道也。《道德经》云：有物混成，先天而生。寂兮寥兮，独立而不改，周行而不殆，可已为天下母。吾不知其名，字之曰道，强为之名曰大。大曰逝，逝曰远，远曰反。故道大是也。

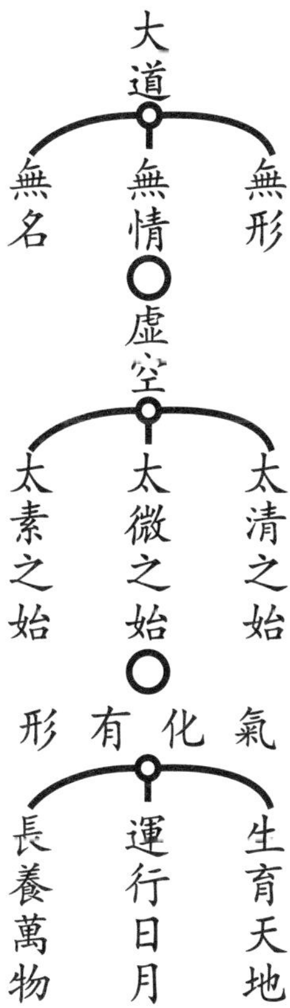

吾不知其名，强名曰道（言道者是谁）。

太上言道大冲虚，本无名唤，因不虚立，假形而用。且夫人身之生也浑沦，是个太极，则天地万物之道总在我身。心之虚灵，道自归之。静为性，动为情。性主乎内，为体；情运乎外，为用。体用 源，显微无间，乃曰道。道之为言，精气化形，神虚今妙，岂可以知其名也？若不言道，何以呼之？是不以已，强名称之曰道也。《道德经》云：道为物，惟恍惟惚。惚兮恍兮，其中有象；恍兮惚兮，其中有物；窈兮冥兮，其中有信。故颜子叹圣人之道曰，仰之弥高，钻之弥坚，瞻之在前，忽然在后。是以易存无体，神化无方，此之谓也。

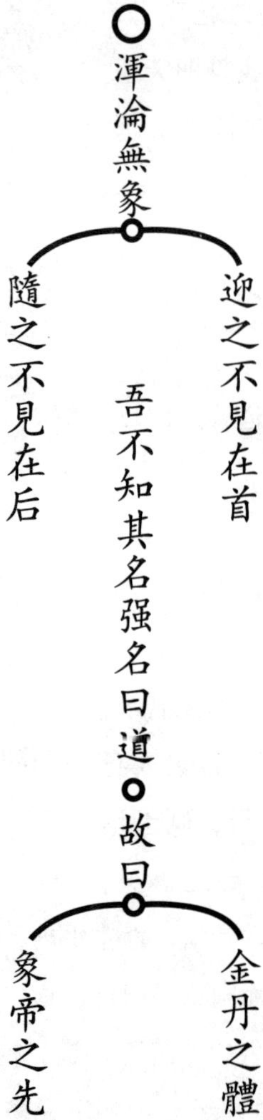

夫道者，有清有浊，有动有静。天清地浊，天动地静；男清女浊，男动女静。降本流末，而生万物（气化生形）。

夫道之为物，虚而无象，因气化而有道之名。道生于一，一生于二，二气感合而生万物，理自然也。道居天地之先，包含覆载，寂静无名，乃曰无极之真也。无极之中道因虚极而已，阳发而遂通，无极而太极，是二五之精妙合而凝也。太极动而生阳，静而生阴。阳清而为天，主于动；阴炁浊而为地，主于静。天覆于地，地载于天，天动地静，二气互交。阳气先者为阳道，阴炁先者为阴道。《易・系》所谓乾道成男，坤道成女。男体天故清、故动，女体地故浊、故静。男女相感，阴阳翕畅，泄其真精，降本流末，而生万物。万物之生，同此之理，炁质化行，各从其类，生生化化，则道无不一焉。孔云：君子之道，造端乎夫妇，及其至也，察乎天地。是以顺则生人、生物，逆则成佛、成仙。周子作《太极图》，深得其旨矣。是故斯经尊妙，只此数语，已了一本《周易》。以丹道言之，天地喻炉鼎，男女喻坎离，以乾刚运阳火不息，乃曰天清、男动；以坤柔退阴符而混藏，乃曰地浊、女静。因阴阳有动静之机，故用抽坎填离，返本还源而复道，是降其本而流其末，生养吾身之万物也。有何疑哉？

陽動
陰靜
火
水
土
男清
女濁
木
金
乾道成男
降本
氣化
之始
坤道成女
流末
形化
之母
萬物化生

清者浊之源，动者静之基（返本还源）。

清者，元阳祖气也；浊者，幻形阴气也。动者，阳之灵也；静者，心之地也。言人之生也，四大一身皆属阴，唯有此一点元阳祖气在人身天地之正中，乃曰命蒂。有蒂则有根，根深而蒂自固。精乃为根，气乃为蒂，神为根蒂之主灵。达斯理者，可以全真，自然精全而能化气，气全而能化神，神全而能化虚，虚空独立而无死生。当作丹之用，以性内运，以情外移，乃曰清者浊之源。以戊己二土摄回十方之气而臻灵，乃曰动者静之基。此妙存乎口诀。

人能常清静，天地悉皆归（心要在腔子里）。

常者，平常也。清者，万缘顿息也。静者，一念不生也。言人能于每日平常二六时中行住坐卧，收其放心，存其良心，内不出，外不入，一心空澈，唯道为身，自然欲忿不生，神自清而气自静，性自住而命自停，则天地之道总归于我身矣。孔子曰：道也者，不可须臾离也，可离非道也。又语云：君子无终食之间违仁，造次必于是，颠沛必于是。尧授道与舜曰，惟精惟一，允执厥中，是也。

夫人神好清而心扰之（动念即乖），

神者，人身中之元神也。神为万物至灵，虚含洞妙。自旷劫至今不曾添些，不曾减些，本无其清，亦无其浊，是自然之妙也。白紫清真人曰：此神非是思虑神，乃与元始相比肩。大则包地包天，小则藏诸一粟，朗朗澈，岂可以有好清也。若以神思神，便非神也。何况神去好清，却不知被清字缚住，则心地愈生杂念，扰之不宁也。《道德经》云，其出弥远，其知弥少，是也。

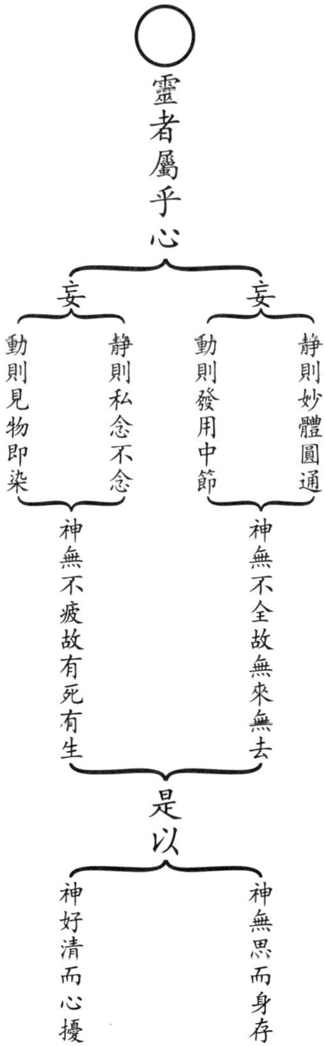

人心好静而欲牵之（法出奸生）。

心即神也，神即心也。欲者，私念也。牵者，引去也。言人之良心本来空寂之妙，不动不静，非思非言。一法不立，万法昭然，有何静可好？达磨曰：不思善，不思恶，只恁么地。孔子曰：喜怒哀乐未发谓之中，发而皆中节谓之和。中也者，天下之本也。和也者，天下之达道也。是以圣人得心法相传，故能安心如是，浑然天理，无有罣碍也。人虽有贤哲之资，不得真师口诀，则心无栖泊之地。存之则有，不存则无，只是把捉其心，私意揣度。圣人之道亦以其心好静，被静缚住，却不知众欲已牵引良心出于万里之远矣。岂圣人三返回灵，复其见天地之心也哉！于此宜玩味。

常能遣其欲而心自静，澄其心而神自清，自然六欲不生，三毒消灭(克己复礼)。

六欲者，眼、耳、鼻、舌、身、意也。三毒者，贪嗔痴也。人身之中有三尸之神，其名曰彭琚、彭踬、彭蹻，是为三魂。人有念头不正者，魂神即令人驰聘错乱，贪著邪淫，入于鬼道，丧本迷真。《度人经》所云，鬼道易邪是也。世人若能解悟四大一身，是地、水、火、风假合而有此幻形，到头终有败坏，睹其万物之有形者，无不同此之理，我则从今不贵其物，唯究一心。心为一身之宝。心是地，性是君，君

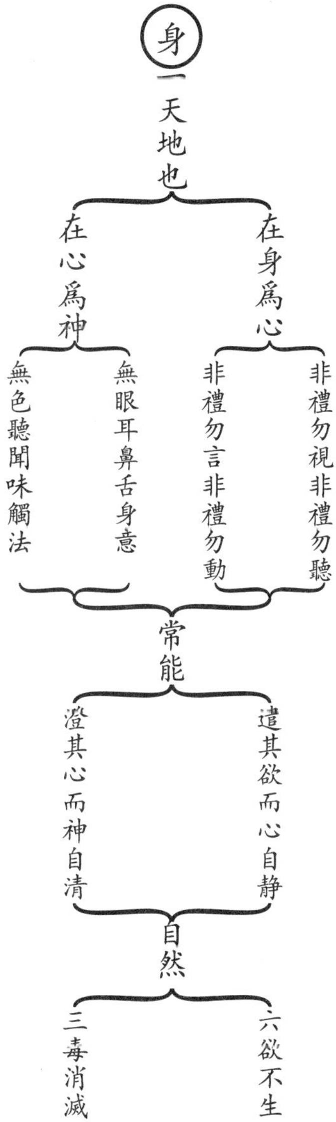

来心地上居住，主宰万机，常存渊默之真。此灵不随世变，一切物欲尽能遣之，自然心自静而神自清，六欲不生而三毒自消灭矣。《道德经》云，圣人为腹不为目，故去彼取此，是也。

所以不能者，为心未澄、欲未遣也（自家昧了）。

人生天地之间，风土不同，则命禀各有殊异。性非不灵也，盖因受气之浊性，天常如黑云之蔽，所以眼见、耳听、鼻闻、舌味，对境触物，随穷所漏，放其心而不知返也。元神昏散，故不能复其本真，而自堕冥劫者，乃为心不能澄也，欲不能遣也。

能遣之者，内观于心，心无其心；外观于形，形无其形；远观于物，物无其物。三者既悟，唯见于空（虚灵不昧）。

此一节言学人能直下悟见，绝欲清源，立志如山之不动，虽傍柳随花倚染于我，内则观于心，心亦忘也；外则观于形，形亦忘也；远则观于物，物亦忘也。既悟三者都忘，唯见吾身中是一个太虚，清清朗朗，广大无边，不知天地为我，亦不知我为天地。行功至此地位，方见其空之妙。是谓案非可象，物非可物。《道德经》云：视之不见，名曰夷；听之不闻，名曰希；搏之不得，名曰微。此三者不

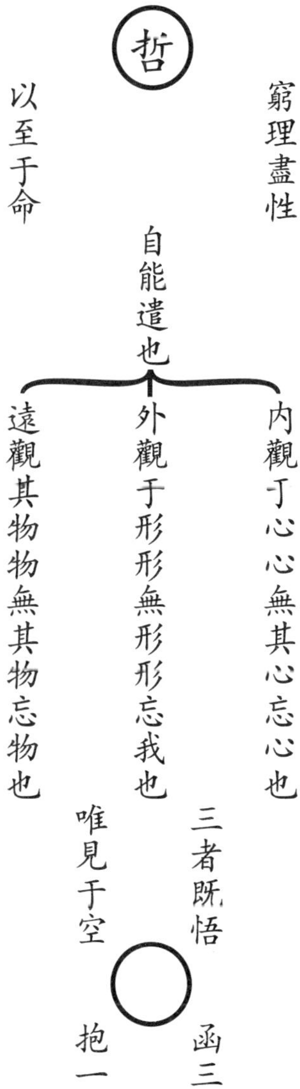

可致诘。《易·艮卦》云，艮其背，不获其身；行其庭，不见其人，是也。

观空以空，空无所空（虚无生有）；**所空既无，无无亦无**（大道无形）；**无无既无，湛然常寂**（神气合一）；**寂无所寂，欲岂能生**（易相无体）？**欲既不生，即是真静**（与道合真）。

此一节乃承上云，三者既悟，唯见于空，恐人著在顽空上存意，故于此发明观空以空，空无所空，乃谓要人活泼泼地，当性天无欲之时，吾以观其妙；有欲之时，吾以观其徼。《道德经》所谓此两者同出而异名，同谓之玄也。所空既无，无无亦无者，此言既得复道还空，空清气朗，广大虚含无际，实无象之可观也。无无既无，湛然常寂者，此言既得一切忘尽，则吾身自然真一常存也。寂无所寂，欲岂能生者，此言性非死寂，我但随机应变，无住于相，如是降伏其心，欲岂能生也。欲既不生，即是真静者，此言勤行符火之道，已得梵气臻灵，结成金胎圣贤，阴浊消灭而真道纯阳，打成一片，客尘自不相干，智慧发现，性刚洁如山之嵬然，真静不摇也。到此田地，方是超凡入圣，与天齐年，岂虚语哉！

聖

一靈妙有

自诐而明

三界圓通

其體也真

其用也靜

觀空以空空無所空

虛無生有

恍惚有動

所空既無無無亦無

性窮澈骨

洞妙清虛

無無既無湛然常寂

神氣混融

無爲自化

寂無所衰欲益能生

應變無方

無私無欲

欲既不生即是真靜

形神俱妙

與道合真

寂然不動

感而逐通

真静应物（应物无染），**真常得性**（一念不生）。**常应常静**（万缘顿息），**常清静矣**（智慧圆满）。

此一节承上云，欲既不生，即是真静，故次之以真静应物，真常得性。所谓圣智圆满，性自真静。凡物之来，随物转应，如盘走珠，圆陀陀地，转漉漉地，则此心坦荡无碍，自然应物无染而得性矣。《道德经》云：夫物芸芸，各复归其根。归根曰静，复命曰常，知常曰明。不知常，妄作凶。《金刚经》云：不应住色生心，不应住声、香、味、触、法生心，应无所住而生其心。尹喜真人曰：凡物之来，吾皆应之以情，而不对之以心。孔子曰：君子素其位而行，不愿乎其外。以此言之，岂不是常应常静、常清静矣。

如此清静，渐入真道（道者以诚而入）。

此以下为化众生向道，或有愚可以智，浊可以清，豁然顿悟种性者，故告戒如此，清其心、静其性，不与万缘作对，只恁么修去，革其旧染之污，而日新其德，自然渐入真道矣。

既入真道，名为得道（我即元始）。

此承上云渐入真道，乃谓学者已得觉性之理，于未得师授口传其秘，于此故启喻既入真道，名为得道者，此言真道非是聪明广记，口须三昧讲说之道，实乃是身中三真三全之妙，必拜真师，耳畔一语，直下安心，方入真道。养性不失其中，修命

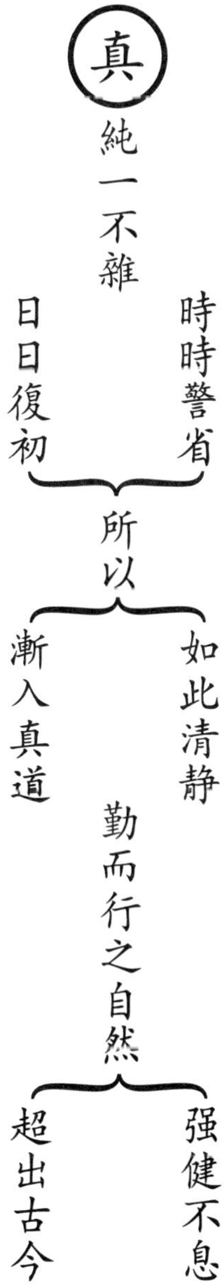

而运橐籥，不失其节，自然性命混融，金液流注，是故名为得道也。

常

不生不滅

亘古亘今

人能參透玄關自然

入于真道

名爲得道

所以

一理澈

萬理融

虽名得道，实无所得（本来空寂）。

此承上云名为得道，恐学人明理未澈，著在得字求想，则道反背矣。故次之以虽名为得道，实无所得，直欲学人参须实参，悟须实悟。夫道之为物，大象无形，大音希声，大方无隅，实无名唤。人身四维上下才著一处存思，便不是也。又不可离了此身，向外别求。不可思，不可议，亦非动，亦非静。一体万殊，万殊一体。头头物物，总皆现前到这里，转得一语，则铁壁银山，蓦直透过，方是得道。得之无得，不被相惑，但吾一灵真性觉照，常居象帝之先，朗朗分明处，乃曰真得。正丹家所谓不见中亲见，见中不见；不闻中亲闻，闻中不闻。透得这个破，参学事毕，何得之有？

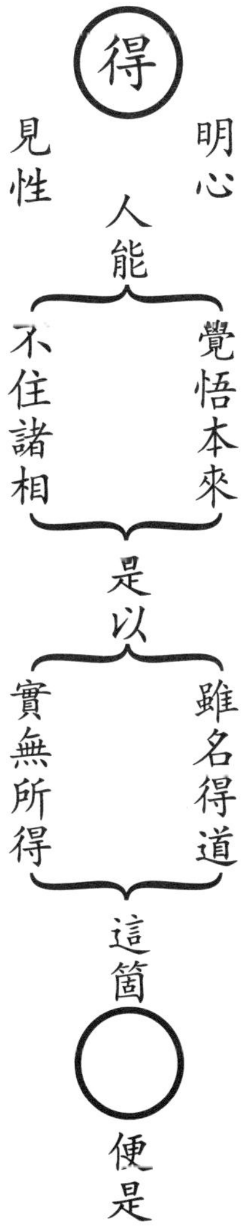

为化众生，名为得道。能悟之者，可传圣道（一以贯之）。

化者，开发也。众生者，贪著之人也。此结前云如此清静，渐入真道。太上以谓天下人物之多，圣凡混杂，是种性难见，其中岂无有根器者，故以道曲折引喻，开化其理，或有利器之人闻吾此说，直下悟见，即得顿脱根尘，唯道为身，向我道中参究不怠，勤而行之，乃曰为化众生，名为得道。得之为言，本无所得，但为他人说此得字，诱众人必是将心想道而不忘也。《道德经》曰：善人不善人之师，不善人善人之资。是以人人本具，无不与我同性，只因贪著其事，乃名曰众生。若能真个领悟之者，皆可以传于圣道也。如六祖卢慧能本广东犵狫，一闻客人诵《金刚经》，至应无所住而生其心，言下大悟。次后竟至冯母山拜见五祖，问其由，答言如涌泉。故见其根器大利。恐人谋害，叱令舂碓，人不为意。后五祖故令大众作偈，能明心见性，见即付之衣钵。众皆让首座神秀作偈，神秀述偈四句，未尽其善。惠能一闻，即次其韵曰：菩提无有树，明镜亦非台。本来无一物，何处惹尘埃？五祖暗点头，约其夜半付中堂，以袈裟围绕其身，将《金刚经》诵至应无所住而生其心，于此印传心法，授与衣钵，而复送之过江，遂为一代祖师。此所以人不可以形观，当以志看。如马丹阳度任屠，始则为凶人，一旦醒悟，即为善人。以此论之，岂不是能悟之者，可传圣道也欤？

妙

道體同源
人性皆具

佛云

蠢動含靈
皆有佛性

以此

爲化衆生
名爲得道

是以

能悟四相俱空
方可以傳聖道

太上老君曰：

此名太上者，乃真人称述之辞。前之所言道也，于此以下又起个名唤，所言者德也。《道德经》所谓德者同于德，失者同于失，故有上士、下士之不同也。学者宜具只眼看。

上士无争，下士好争（各见不同）；

上士者，圣人大德之谓也。下士者，贤人执著之谓也。圣人之心，浑同天理，无分贤愚皆包之，和光混俗，与众同尘，谦躬处于卑下，锉锐埋锋，不露圭角。善者善之，不善者亦善之。行不言之教，处无为之事，与人无辩无争，乃曰上士也。贤人之心有所执著，以谓人之学皆不如己之学，自是自彰，自矜自伐。论其古之贤哲，则谓其曰长，某曰短；论其今之人，孰曰是，孰曰非。成仙成佛之圣，犹非其虚无寂灭异端之学如是好争，乃曰下士也。尹喜曰：圣人龙之，贤人蛟之，龙能化蛟，蛟终不能化龙，此之谓也。

性

性無不善　氣禀有差

以

德存心者　形障道者

故

無争　好争

是以

聖人如龍化上士也　賢人若蛟執下士也

上德不德，下德执德。执著之者，不名道德（谦德者全，执德者偏）。

上德者，无为之道也。下德者，有为之道也。执者，执著不通之谓。德者，得也。心之所蓄，性之混融，开物成务之理也。此言上德之圣人未尝显己之有德，藏身潜迹，抱朴含光，专气致柔，如婴儿也。下德之贤人执著其事，唯于世情是非得失之场理论，扬于己德，以被聪明所蔽，故分其彼此贵贱高低，如是执著，故不明其有道德也。《道德经》不云乎：上德不德，是以有德；下德不失德，是以无德。上德无为而无以为，下德为之而有以为。故太上所谓我有三宝，保而持之，一曰慈，二曰俭，三曰不敢为天下先。孔子曰：圣吾不能，我但述而不作，信而好古，窃比于我老彭。默而识之，学而不厌，诲人不倦，何有于我哉？终不曾言自己之有德。以此言之，岂不是上德不德也。下德执德之人，著形所见，其于政事、文章、诗词、方术有能其一者，便自高大，夸逞其能，执著一偏之见，岂可以明道德也。以尧舜之圣，善与人同，以大禹之明，闻一善言即拜，何尝执著？学人宜于此详味。

德

心地昭著

性天湛然

聖人

絶聰來智

抱樸涵仁

賢人

抱文泥理

辯濁冷清

是以

上德不德

下德執德

故

道下之者自有其德

執著之者不名道德

太上老君曰：众生所以不得真道者（何以故），**为有妄心**（求生之厚）。

此一节又题太上之名者，乃真人称述，警戒世人，于此著眼看众生所为之事。所谓众生者，乃愚昧贪著之人，形须人身，心实乃是兽，性海黑暗，逐浪贪生，全无一分德行。上不畏君王之法，下不惜父母之身，盗窃奸欺，靡所不至。所以不得真道者，为其有妄想之心，私欲交蔽，则道愈失之矣。《道德经》云：大道甚夷，而民好径，朝甚除，田甚芜，仓甚虚，服文彩，带利剑，厌饮食，财货有馀，是谓盗夸，非道也哉！又云：民不畏威则大威至。无狭其所居，无厌其所生。夫唯不厌，是以不厌。如是之徒，至死不悔，其心犹念未足，辗转作下轮回种子，皆由一个妄心迷失真道也如此。

既有妄心，即惊其神（被他欺下）；

此承上云，因眼见于色，神即领受在心。心既领受，遂起妄念，本身元神化为识神，神随境乱，意逐情迷。《道德》云：所谓驰骋田猎，令人心发狂；难得之货，令人行妨。是以即惊其神也。皆因心君不能为主，被色相眩惑，耗散其真道，则梦寐亦不安宁也。

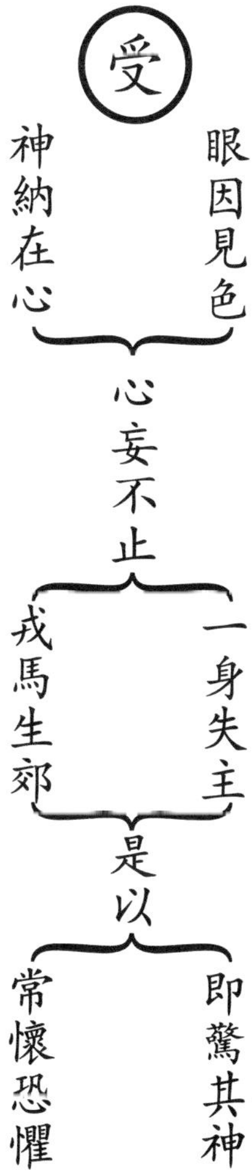

既惊其神，即著万物（众欲交攻）；

此言神想于物则心地自不安神，故有惊。见一物而著爱干物，被物牵引放纵，不知其乡，是以著万物而不知其厌足也，舍身履险亦不知危也。

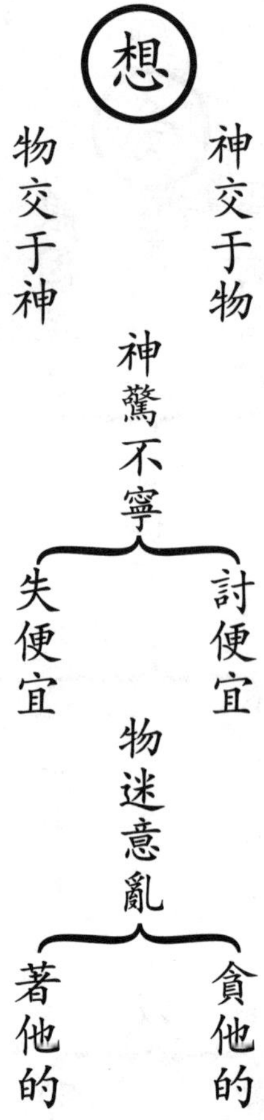

既著万物，即生贪求（认贼作子）；

此言神著万物，蔽隔真性，随阴魄之营。营则流情，落于醉生梦死之场，贪求入于爱河欲海之地，无休无息，万绪千头，则终身不救也。

既生贪求，即是烦恼（自词枷带）。

此谓贪求乃入邪道之源矣。今日贪求，明日贪求，见之者即贪，闻之者即求。每日种种所得，而心终不知止，却不知已造下烦恼根业，家虽丰足而生贼盗，百计千谋，心放不下。古人所谓财多累身，所以被他缚住，添个烦恼，而祸起陨身，因自取之也。

烦恼妄想，忧苦身心，便遭浊辱，流浪生死，常沉苦海，永失真道（著形害了）。

此一节总结上云，众生为有妄心，不得真道之故，舍死贪生，作下烦恼种子。众生之为心，唯求利以厚其生，只图目前家道丰富，沉滞色声香味之场，迷惑有无爱欲之趣，是自取于烦恼妄想，忧苦身心。平日所为，不忠不孝，欺天瞒人之罪，鬼神暗录其尤。一旦天灾罪己，祸害刑身，或阳报其恶，或阴罚其愆，是以遭于浊辱，流浪生死，一灵不知，所自化生，异类之中，百千万劫，难获人身，常沉苦海，永失真道也。世人若能回头鉴此为戒，早参至道之宗，免堕轮回之苦，圣人岂欺我哉？

真常之道，悟者自得。得悟道者，常清静矣（与太虚同体）。

真常者，不生不灭也。无始劫来只恁么也。悟者，觉悟此理也。自得者，亲闻见也。清静者，湛然无染也。此言人能觉悟自性，本来圆成，不假修合。始因气化，结形真灵，入壳被形，所罩灵性，于此随气质发现。故圣贤愚之不同，虽大智不能无下愚之心，然下愚不能无上智之性。此所以要悟要修。悟者，性也；修者，命也。性命双修，方是自得真常之道。既得性命混一，道大冲虚，吾心自然清静，无有往而不知，无有来而不应。内则了证死生，外则能尽人事。此乃总结斯经一篇首尾之妙。前言曰道，后言为德，实发《道德经》五千言之骨髓，直欲世人明此道德之理，明道者不有德，乃曰上士，执道者不失德，乃曰下士，妄心贪求者乃曰众生。故此经末言真常之道，悟者自得，乃太上好生，慈悯众生之苦，多方曲喻，令人早早回头，领悟此道。或有豁然贯通悟见者，即得常清静矣，岂不玄哉？

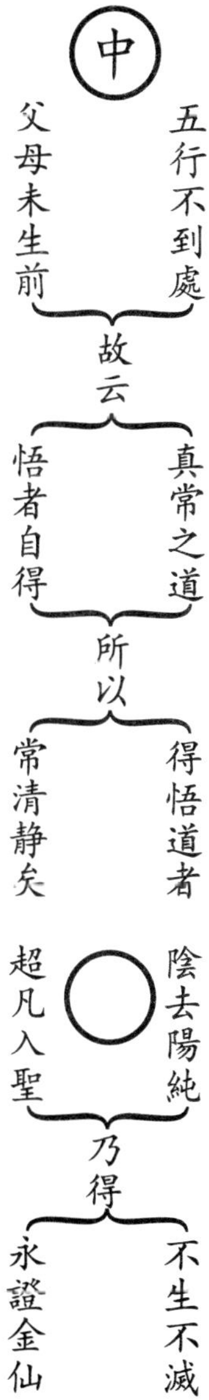

真人赞

仙人葛玄曰：吾得此道者，曾诵此经万遍。此经是天人所习，不传下士。吾昔授之于东华帝君，东华帝君授之于金阙帝君，金阙帝君授之于西王母。西王母皆口口相传，不记文字。吾今于世书而录之。上士悟之，升为天官；中士悟之，南宫列仙；下士悟之，在世长年，游行三界，升谒金门。

此章乃仙翁葛玄赞太上说经之妙，此经非是文字之经，自旷劫至今，不生不灭，不增不减，为道之径路也。人身玄关谓之经，行道工夫谓之诵。诵非口诵，乃用乾坤阖辟之机关，运坎离颠倒之妙用。昔仙翁感授道之后诵万遍者，行此道也。万遍乃工夫，行运不绝，绵绵若存也。得其一粒黍米之珠，落于黄庭，结为空气金胎，如母之育婴，儿神浇灌，十月胎完，天门迸破，阳神出现，千变万化，乃曰真人。是此经之功德，大不可思议，天人所习之文不可轻传于下士也。传道传经，传之有德忠孝之人。轻传之者，必遭天谴。张紫阳三度非人，三遭天谴是也。仙圣每每隐秘此经，唯以口口相传，不记文字，恐天魔之泄慢。因后人不及古人纯朴者多，若不以文字开化，则众生何由而悟，不得已笔录其经，传流于世。上士悟之者，勤功修证，升为金阙之仙；中士悟之者，久久修证，乃为南宫之列仙；下士悟之者，亦为地仙，在世长寿，隐显莫测，可以游行三界，升谒金门也。

左玄真人曰：学道之士持诵此经者，即得十天善神拥护其人，然后玉符保神，金液炼形，形神俱妙，与道合真。

仙翁重赞此者，老婆心功，剖露是经之秘，实金丹大道之宗，学道之士者，乃诱后来学仙之人也。所谓持诵者，信受奉行之也。十天者，流戊就己，戊己二土各五，共成十数，乃曰十天也。玉符者，符火也。金液者，神水也。当其一阳初动之时，便以神归炁，炁归窍，沉下海底，去抱出日头来。是持诵此经也。流戊土，迫逐金精，上升南宫，继此后用己土敛阳退阴符，同归坤中之位，乃曰即得十天善神拥护其人也。神安隐，镇气发火，冲逼出其身玉浆金液流注，乃曰然后玉符保神、金液炼形也。形曰命，神曰性，性合一乃口道。故言形神俱妙，与道合真也。若以世法言，凡有道之人，自有十天善神长拥护其人，岂虚言哉？《道德经》云：入甲兵不被刀刃，入虎兕不被爪牙，是也。

正一真人曰：人家有此经，悟解之者，灾障不干，众圣护门，神升上界，朝拜高尊。功满德就，相感帝君。诵持不退，身腾紫云。

此篇乃祖天师张道陵称赞之词。所谓人家者，非人家之家，乃指人身正中之心也。此经者，即宝珠也，宝珠即道也。悟解者，亲得见闻之妙，理当铅见癸生之时，悬宝珠于空中，去地五丈，飞轮旋转诸天星宿，尽入珠口，化炼为丹，此真悟解也。既得丹凝成片，浩气纯阳，自然灾障不干，乃得诸天众圣暗加神护其身。是以一身万神也，一气万气也。丹成之日，脱胎换鼎，移神上居泥丸玉山上京之上，而有三清所居，则吾身朝谒高尊，直待功成行满，乃感帝君而录籍。身常清静，洁戒精严，行此道诵持不退者，自有天颁敕诏来征，身腾紫云，而白日飞升天阙也。如汉祖天师诛妖馘祟，葛仙翁祭炼鬼魂，许旌阳斩蛟诛蟒，皆得大功行于世，举家飞升。学仙之道，诚有之也。

太上老君说常清静经颂注

神峰默然子著

太上老君说常清静经颂序

夫源清流静，凑法海之波澄；蒂固根深，抱纯阳之炁运。盈虚消息，六合周流。原天地眹兆之由，探阴阳枢机之要。夫人者委形于天地，惟清静自然之归；混炁于阴阳，具变通真常之化。清者，挠之而不浊；静者，安之而不动。天得一清，地得一宁，人得一灵者，一神也。若是灵源湛彻，圣道流通，寂然不动，应化无方。感而遂通，生成何已。天地有斯常性，清静无馀；男女无此常心，昏迷有属。孰能浊以止，静之徐清而已及矣。故我太上垂大慈悲，演常清静，设教导俗，辅正扶宗，务化民以归根，使含真而抱一。体洽玄元，炼神合道，羽化飞仙，不为乖谬。庶几信受者体枢法要，皆可相应，人莫非清静以为天下正，乃至千真万圣，咸不出于此矣。

太上老君说常清静经颂注

五太初为先，虚无道自然。混元权祖正，妙体契宗玄。演教明无上，知常假喻诠。因斯清静德，阐化立经篇。

老君曰：大道无形，生育天地；

大道隐乎形，真精混窈冥。二仪分始兆，一气运无停。覆载诚难测，生成育底宁。陶甄能匠物，蠢动尽含灵。

大道无情，运行日月；

日月运虚空，明明甚至公。得天能久照，丽物可咸通。有质蒙光煦，无情混象融。阴阳常体道，不息太无中。

大道无名，长养万物。

妙道实难名，包含万物生。运时充地脉，任信禀天清。吹煦真消息，冲和大化成。圆通归一体，高下坦然平。

吾不知其名，强名曰道。

无相杳无踪，离名混沌中。未萌天地日，安得雨云风。凿破胚腪兆，冲开物象蒙。因斯分造化，权立道无穷。

夫道者，有清有浊，有动有静。

清浊阴阳气，周流上下冲。自然成感化，终则契圆通。万类含滋育，三元配合同。乾坤交泰定，都会一真空。

天清地浊，天动地静；男清女浊，男动女静。

肇判两仪分，人灵至贵尊。三才安宇宙，二物定乾坤。种种含真炁，元元实相门。刚柔相济用，体道孰能存。

降本流末，而生万物。

降本通真体，还元见末因。春阳敷茂畅，秋候主凋沦。太极生形化，纯和造物新。枢机推大运，掌握任功神。

清者浊之源，静者动之基。

清静理幽深，谁能究竟寻。观空除万境，绝相了诸心。慧月流丹汉，慈云覆翠岑。寂然神不动，应物显知音。

人能常清静，天地悉皆归。

人悟常清静，知源妙圣机。太初无染滞，全寂隐光辉。默默藏沙界，昏昏彻紫微。三元升降后，天地悉皆归。

夫人神好清而心扰之，人心好静而欲牵之。

心者灵之府，神栖静可安。贪嗔痴易作，戒定慧难观。深要正中正，坚持闲内闲。常无生六欲，法界自然宽。

常能遣其欲而心自静，澄其心而神自清。

若遣诸情欲，澄心妙洞观。同真非物物，归寂弃般般。水远连天静，山高戴月寒。圆融通智慧，壶内衮金丸。

自然六欲不生，三毒消灭。

正念无偏党，冲虚合自然。六根尘顿息，三毒病须痊。妙道超空劫，全神达上天。些儿幽密处，玄牝自绵绵。

所以不能者，为心未澄、欲未遣也。

迷路失家乡，都缘昧己光。心浮诚易动，境熟为难忘。欲染何能遣，邪奸转使荒。回头堪悟处，返照见空王。

能遣之者，内观其心，心无其心；

觉了诸尘漏，分明道眼开。色声非有碍，知见定须埋。神静千灾灭，心虚万虑灰。清风穿玉户，自有好音来。

外观其形，形无其形；

诸相观非相，其形是种无。内含真法界，体合大空虚。云静蟾光露，潭澄练色铺。此般明显示，何在觅殊涂。

远观其物，物无其物。三者既悟，唯见于空。

寂照观诸物，群灵岂有殊。同真非可见，绝迹莫能模。了了堂中老，休休法外无。玄玄玄也泯，八极任宽舒。

观空亦空，空无所空。

廓达真空界，回观一物无。混融同太漠，湛寂体虚无。洞照音常寂，圆通性自如。中间并内外，不属返元切。

所空既无，无无亦无。

达了心无物，无无实亦无。何劳除妄想，岂在辩精粗。缘静虚施巧，归真任不渝。这般消息密，孰敢强名模？

无无既无，湛然常寂。

万法本来空，无无合圣功。湛然非内外，寂尔泯西东。心境双忘处，方圆一概同。杳冥超造化，无物悉皆通。

寂无所寂，欲岂能生？欲既不生，即是真静。

假寂权为体，还当去欲因。妄缘如是息，真静自然新。契合无生法，方知不夜春。独超天地外，任意燕申申。

真常应物，真常得性。常应常静，常清静矣。

一定达真常，神光莫可量。照开三毒室，射透五明堂。宝月晴空露，迷云蕴迹亡。清风布消息，应物任舒张。

如此清静，渐入真道。既入真道，名为得道。

旷劫镇圆成，无暗亦无明。谷神常自寂，法海晏然清。正念投真路，澄心达妙程。永离生死系，三界任宽行。

虽名得道，实无所得。

了寂沉声迹，深通至理幽。真空宁有得，实相本无修。饮啄从他过，威仪任自由。豁然除拟议，安静保全周。

为化众生，名为得道。能悟之者，可传圣道。

为证众生化，俱忘种种求。顿超无漏果，宁许有根由。取舍安能动，因缘亦断流。瞥然都放下，圣道可传留。

老君曰：上士无争，下士好争；

上士何无争，勤常抱志坚。栖真常惔泊，养素隐幽玄。俯仰观天理，穷通达道渊。堪嗟未明者，竞法昧心田。

上德不德，下德执德。执着之者，不名道德。

德化非求报，恩宽肯自矜。韬光藏大器，明性莹坚冰。默契高穹远，深通至道弘。岂同愚士执，分别强谈能。

众生所以不得真道者，为有妄心。

众生多背道，颠倒外边求。妄想因斯有，真灵昧了休。本来无欠少，何假强持修。顿拂迷云尽，银蟾照玉楼。

既有妄心，即惊其神。既惊其神，即着万物。既着万物，即生贪求。既生贪求，即是烦恼。

谋事因生妄，乖真为动神。皆心存爱欲，着物起贪嗔。常蕴无明火，还添烦恼尘。从兹缘受报，六道转沉沦。

烦恼妄想，忧苦身心，便遭浊辱。

为妄生嗔欲，贪痴作障缘。忧愁长系绊，烦恼镇缠绵。为此迷真道，从斯就业愆。回光能返照，自觉妙中玄。

流浪生死，常沉苦海，永失真道。

烦恼缘兴念，何曾觉自心？茫茫遭苦辱，扰扰肯沉吟。浪死无休息，虚生直至今。因而真道失，梦想转来侵。

真常之道，悟者自得。得悟道者，常清静矣。

人若通天地，俱蒙道炁存。藏根深固蒂，灭魄返安魂。得悟长生路，须开久视门。全真神自化，无上法王尊。

清净经解

吕纯阳注

老君曰：大道无形，生育天地。

无极生太极。

大道无情，运行日月。

无为无不为。

大道无名，长养万物。

无物生有物。

吾不知其名，强名曰道。

首辵为道，先天地而行生者也。虽曰强名，亦却自然。

夫道者，有清有浊，有动有静。天清地浊，天动地静。男清女浊，男动女静。降本流末，而生万物。

清与动为本，浊与静为末。一降一流，一施一受也。清浊相融，动静交媾，则万物于此滋生矣。

清者浊之源，

无生有。

动者静之基。

有返无。

人能常清静，天地悉皆归。

天清地静，一齐返入于无矣。

夫人神好清，而心扰之。

扰神之心，妄心也。

人心好静，而欲牵之。

好静之心，真心也。

若能常遣其欲而心自静，

遣欲者，必先舍事。静心者，必先遣欲。

澄其心而神自清。

澄心者，洗心退藏也。心如止水，其神自清。

自然六欲不生，

无眼耳鼻舌身意，自无色声香味触法。

三毒消灭。

三毒者，阴神害人性，阴精害人命，阴气伐人五脏，即三尸也。三尸皆人身阴贼，或言三彭三姑者皆妄。

所以不能者，为心未澄、欲未遣也。

神不能清，先由欲不能遣。

能遣之者，内观其心，心无其心，

三心之不可得也。

外观其形，形无其形。远观其物，物无其物，

知四相之俱忘也。

三者既悟，惟见于空。

返照入空矣。

观空亦空，空无所空。

观空到无所之地，空斯大矣。若有所，则不成空。

所空既无，无无亦无。

观空到无所之后，空亦无矣。若有空，则不能无，无之又无，无亦不立。

无无既无，湛然常寂。

万法皆空矣。

寂无所寂，欲岂能生。

寂之又寂，何虑何思。

欲既不生，即是真静。

此静之所以先宜遣欲也。

真常应物，真常得住。

真静为常，则曰真常。吾师云：真常能应物，应物自不迷，不迷性自住，同此旨意也。

常应常静，常清静矣。

定观云：有事无事，常若无心，处静处喧，其志唯一。

如此清静，渐入真道。既入真道，名为得道。

人无妄心，则有真心。

虽名得道，实无所得。

冲而用之，不自满假。

为化众生，名为得道。

去妄归真，可称道人也。

能悟之者，可传圣道。

性功既悟，命功乃传。或问曰：上言实无所得，此言可传圣道。然则《清净》一经，尚未言道乎？曰：非也。你把无所得错讲了，这就是入道返观，讲究本来妙诀。

老君曰：

心长语重，故复开示。

上士无争，下士好争。上德不德，下德执德。执著之者，不名道德。

无争则无欲，好争则多欲，不德乃有德，执德便无德。人无至德，至道不凝，执德者不弘也。安能具虚灵广大之德，以合我虚灵广大之道乎？

众生所以不得真道者，为有妄心。既有妄心，即惊其神。既惊其神，即著万物。既著万物，即生贪求。既生贪求，即是烦恼。烦恼妄想，忧苦身心。便遭浊辱，流浪生死。常沉苦海，永失真道。

此节反言以申上文清净入真道之意也。抑有可叹者，以不静之妄心，惊至清之真神，著物妄想，心不能静，真神反化为妄心也，安能得道乎？

真常之道，悟者自得。得悟道者，常清静矣。

悟道之人，终不外乎清净。清净之法，终不外乎遣欲。遣欲是一章吃紧处。又况心静则火降，神清则气慧，定中生慧，本命自来，更有自然而然，不知其所以然者。

太上清静经

清静经序

从来清者不浊之谓，静者不动之说，此可谓之为清为静，何得谓之至清至静乎？惟《清静经》一节，清在于浊之中，在浊而不为浊所染，静在于动之内，在动而不为动所移。真乃至清至静，必清必静，一尘不著，万虑全删，无我无人，抛却色形之内，不闻不见，灭去言字之中。虽言简而意赅，要理明而词达，岂非大道之归宗也哉！愿斯世之学经者，深思默察，以是经为入门之捷径也。

溪桥道人序于留有余斋之中

上阳处士注解

雪中邓怀琨述

隐隅邓怀瑾阅

真邓怀璞校

吕鸿逵　张文恒　李廷桂　李文纯　刘　鋆　恭校
黄庚三　邓景芳　顾桂保　邓景崧　张连福

太上清静经

上阳处士注解

老君曰：大道无形，生育天地。大道无情，运行日月。大道无名，长养万物。吾不知其名，强名曰道。

此言乎天地间，无物不有，无理不包，天地其莫测乎，而不知更有深焉者也。盖天地开辟以来，天地即奠定矣。然奠定之天地，要为有形之天地，有形之天地，实本无形者以生之也。生之者何，道是也。道以无形生有形，道即天地之始气乎！又言日月之行，原有次度，周而不紊，要其间总系阴阳合德，乌兔媾交，是日月最为有情者也。然有情之日月，实本无情者以运之也。运之者何，道是也。道以无情运有情，道即日月之提纲乎！且言万物之生，滋长发荣有无穷之妙，飞潜动植有莫测之机，由是以观万物，其长养于天地日月中者，可胜道乎？穷之万物，虽有莫名之数，而实各有一定之名。然万物有一定之名，要本于无名者以长养之。长养者何，道是也。道以无名长养有名，道即万物之祖气乎！分而言之，有天地，有日月，有万物。统而言之，天地在道中，日月在道中，万物在道中，直言之曰道而已矣。道果何所昉乎？视之而不见，听之而不闻，无所拟议，无所命名，亦第指之曰道而已矣。

夫道者，有清有浊，有动有静。天清地浊，天动地静。男清女浊，男动女静。降本流末，而生万物。

清对浊言，有清即有浊。动对静言，有动即有静。要之清浊动静，虽由道中生，要不从道中见。然不从道中见，夫岂无所见乎？见之于天，天得乎气之清；见之于地，地得乎气之浊；见之于男，男得乎气之清；见之于女，女得乎气之浊。观此至于动静二字大抵然也。虽然此借易明以形难明者也。总要降本流末而生万物，即如去臭留香以生祖气也。第清浊动静之说，有颠倒顺逆之别，知之者概不易见。若行常道则拘常理。清浊动静昭然若揭，虽愚夫愚妇罔不洞晓，又何必细论乎？惟行仙道，用仙术与常道迥不同耳。清于何时见？乃一阳初动，万物未生之时。浊因何以知？乃红潮晦海，壬癸未判之时。至于动静一节，又不可拘拘焉限于一定，何则？盖动中有静，静中复有动，如必谓天属动，男象天亦属动，地属静，女象地亦属静，则所论者浅矣。是不知动如不动，动之中仍有不动之意；静如不静，静之中仍有不静之旨焉。不然彼道书所谓至阴肃肃，肃肃发乎天，至阳赫赫，赫赫出于地，且谓男子外阳而内阴，女子外阴而内阳等等，反论果奚若乎？即此动静可观清浊矣。至降本流末，乃男女天地，阴阳混化，回风于大洞中也，所以生生化化其无穷际乎！

清者浊之源，动者静之基。人能常清静，天地悉皆归。

此言清与浊异，要不能舍浊而言清；动与静殊，要不能舍静而言动。于以知清浊动静相反，而实相用者也。将见由清而浊，清几不见为清；由动而静，动几不见为动。然不见为清，为动，而其所以清，所以动者，固俨然在也。迨夫浊激而清，清虽不能外浊而言清，而清乃为浊之源也；静极而动，动虽不能外静而言动，而动乃为静之基也。人特虑不能清静，即清静不能有常，焉能参天而配地乎？惟学者清无可清，守而不变，静无可静，贞而有常，何难空空洞洞无一毫之渣滓乎？如是者，犹患其不与天地合其德，两大而愁归也，则断断乎无是理也。

夫人神好清，而心扰之。人心好静，而欲牵之。常能遣其欲而心自静，澄其心而神自清。自然六欲不生，三毒消灭。

言人自有生以来，清清静静无所纷扰，无所牵缠，伊何故哉？大抵无心然耳。迨其后极清之神，转而为不清之神，极静之心，转而为不静之心。非神之不好清，而妄心扰之，则清者不清矣；亦非其心之不好静，而私欲牵之，则静者不静矣。于此不清者而再求其清，不静者而再求其静，不扰扰乎其难哉！而抑知非难。盖天下之事邪正虽不两立，而理欲要有攸分，果其遣其私欲之滋，而心自无不静，澄其本心之明，而神自无不清，虽彼六欲牵累人所难断，至是而自断矣，三毒苦害人所难除，至是而自除矣。各自消灭，永却萌蘖，又何虑别有窃发也哉！

所以不能者，为心未澄也，欲未遣也。能遣之者，内观其心，心无其心，外观其形，形无其形，远观其物，物无其物。

此言天下之事，断无有人人共能而独指为不能者，而今日偏切切焉以不能为名，夫岂无所谓哉！揆厥由来总由于心有所妄，妄则未之澄也，欲有所牵，牵则未之遣也。惟心未澄则心有其心，欲未遣则欲滋。夫欲心有其心，则必从心生形，而妄生焉；欲滋夫欲，则必从欲生物，而大欲存焉。久而心又生心，欲又滋欲，吾知其不造其极而不已也。使学道者，果有能遣之者，内焉回光返照，虽观其心而心无其心，外焉形神自如，即观其形而形无其形，无心无形，近者已如此矣，至于远观诸物，又何物之有乎？

三者既悟，惟见于空。观空亦空，空无所空。所空既无，无无亦无。无无既无，湛然常寂。

三者云何？无心无形无物是也。第世人往往昧此，而悟之者鲜矣。果能于是三者豁然贯通，自必所见一切悉归空矣。然于实处见空，空仍在于实之中，则犹有空之所也。不若于空处见空，空已超乎实之外，则已无空之说也。由是观空亦空，空无所空，此乃真空，非假空也。久而虽在空中，并不知其为空，是则所谓无也。然于有处见无，无犹因有而见，则无必非真无。不若于无处见无，无不缘有而出，则无乃为真无。由是所空即无，无无亦无，斯无在己不自知其无，在人亦不测其无也。夫而后有不杳杳冥冥，湛然常寂也乎？

寂无所寂，欲岂能生。欲既不生，即是真静。真常应物，

真常得性。常应常静，常清静矣。

此承上节湛然常寂而言。第寂而曰常，则寂犹有所寂。何若寂而灭常，即寂亦无所寂也。惟其寂无所寂，彼天地清爽，日月皓明不过此也。由是吾之心与天地合其德，与日月合其光，即与道合其体矣。夫何有欲之能生乎？欲即不生，浑浑噩噩不知我身之何在，淡淡泊泊不知我心之奚存，从此真而不变，静而不纷，其即真静之谓欤！惟真可以应物，应物即可不迷，不迷可以性住，性信即可得性，百字碑所谓，真常须应物，应物自不迷者此也。但是物为天下之大物，是性为一身之真性，非若物件之物，性情之性，为人所易解也。使杜门不出，深山僻处，不应物而物转我扰，扰则何能静乎？故必须始焉暂应物而性暂静，继焉久应物而性久静，终焉常应物而性常静，常应常静，即随应随静，随应随静，即常清静矣。不然虽欲自得其本性也，犹属不能，况常清而常静也哉！

如此清静，渐入真道。既入真道，名为得道。虽名得道，实无所得。为化众生，名为得道。能悟之者，可传圣道。

此承上节清静而言。盖谓世人皆浊我独清，世人好纷我独静，我与世人不同，世人与我即大异，所以我能常清常静有如此者。我既如此清静，自然不被邪说所惑，诐行所乱，推之诸子百家，均不得诱我而屈我。于此按次以进，逐节以行，渐入乎真道而不难矣。入真道即可名得道。得道者实无所得，如有所得，是有人相、我相、众生相、寿者相矣，岂不入于歧途乎？故得道者必无所云得，乃为空无所空，寂无所寂，无无所无之道，方能混化众生于不见不闻地也。然得道实无所得，而无所得又名得道者，其意奚居乎？诚以化被众生向此清静路上来耳。学道者果能深悟乎此，自不虑圣道之难明矣。明圣道者，即堪传圣道。吾知精一之神、一贯之旨，当必豁然而贯通也。岂犹至传道之无人也哉！

太上老君曰：上士无争，下士好争。上德不德，下德执德。执著之者，不名道德。

此言上等之士，不与人争，能自见其能，下等之士，好与人争，能反不见其能，即《黄鹤赋》所谓上德以道全其形，固属纯乾之未破，下德以术延其命，乃配坎离而方成之意也。以道全形，不过顺其自然而已，何用争为以术延命？若争战然，必须奇计奇兵方能恢复全业耳，不争奚能如是乎？如必曰下士与上士相反，欲得乎道而不能得于此，有争心焉，殆浅之乎测大道矣。上德不德，言上德不以德为德，反不失德。下德执德，言下德以德为德，转失其德。故总言之一执，一不执也。然其间拳拳弗失，兢兢弗遑，而不名为道德者，伊何故哉？盖大道无方无体，无影无形，视之无可视，搏之无可搏，若云执著反失其真，彼道书所谓头头是道讵能然乎？

众生所以不得真道者，为有妄心。既有妄心，即惊其神。既惊其神，即著万物。既著万物，即生贪求。既生贪求，即是

烦恼。烦恼妄想，忧苦身心。便遭浊辱，流浪生死。常沉苦海，永失真道。

此言圣人所以得真道者，有厥由来，众生所以不得真道者，亦有厥由来。所以得真道者，以清静心，所以不得真道者，以虚妄心。然虚妄之心一萌，总由于执著之见。先有如此者，则神必不守舍，道即不为我有，于是恬然者转为悚然，安然者转为怯然，一遇纷营靡丽之境，富贵荣华之场，则其心遂浸浸乎不自主矣。贪求之心夫岂能却？迨至有求弗得，即怀欲弗遂，吾知一切烦恼所不免矣。然烦恼愈生而愈丛，即妄想愈滋而愈甚，身心免不得忧苦，即身心必遭夫浊辱，殆不啻船到江心顺流而下，马到临涯纵辔而往，岂不流浪生死，无所底极乎？惟其流浪生死，是不知以生死为大事，何怪其常沉苦海，如夜行之无灯，永失真道，如人生之苟免乎？

真常之道，悟者自得。得悟道者，常清静矣。

均此真常之大道也。第迷之者，不知清之所以为清，静之所以为静，贸贸者又焉得此道乎？惟悟之者乃知夫，清之中不能离夫浊，而要不敢沦于浊，静之内不能外夫动，而要不敢妄为动，如此则大道庶乎得矣。果能悟得这个真常之道，吾知其有时而空，空而不滞于空，有时而寂，寂而不著于寂，有时而清，清而不邻于清，有时而静，静而若忘其静。此而人者，夫何有不常清常静，而为天下传道之圣人也哉！

清静经图注

太上老君清静经图注序

夫鸿蒙分判，阴阳始列，轻清上浮者为天，其质阳也，重浊下凝者为地，其质阴也。清浊相混者为人，其质阴阳合并。惟人秉乾坤而交，以成性；受阴阳而感，以成形；得五行之化育，而五脏、五德、五灵由斯而全焉；受六合之交感，而六腑、六根、六神由斯而备焉。列三才之品，为万物之灵。世间难得者，人也；人生难得者，道也。夫人与天地同才，而不能与天地同长久者，何也？皆因不知消长之理也；人与佛仙同体而不能与佛仙同超证者，何也？皆因不知先天之道也。人与君臣同形，而不能与君臣同富贵者，何也？皆因不知积德之功也。人与万物同性，而不能与万物无伤者，何也？皆因不知恻隐之心。然而不知消长之理，与先天之道、积德之功、恻隐之心，则天堂路塞，地狱门开也。是故太上道德天尊，广发慈悲之念，大开方便之门，著清静之经，演长生之诀，流传天下，广布四海，指开云路，化醒原来。其经至简至易，极玄极妙。其句九十有六，正合九六原人之数，以应乾坤之卦也。其字三百九十有四，除开河图生成之数，以应八卦之爻也。又得混然子之慈悲以列图象，更仗水精子之圣才以增注解，共分二十四章，章章珠玑，同参二十四图，而图图沉檀，条分缕晰，剀切详明，真乃度人之宝筏，醒梦之晨钟，救人之灵丹，升仙之阶梯也。实为慕道之禅杖，辨真之药石，劈旁之斧钺，照幽之炬灯也。是道则进，非道则退，言虽浅近，理数显微。若有善缘得遇，便是三生有幸。须当盥手恭读，理宜仔细体阅。不看之时，高供神堂，则有丁甲守护，更能镇宅驱邪。早晚跪诵，还可消灾解厄，积德感天，自有明师相遇。低心求指经中之玄，下气恳传先天之道。照经修炼，功果完备，在儒可以成圣，在释可以成佛，在道可以成仙也。若是天下同人，依是经而尊之，得是道而修之，千难不改，万难不退，日就月将，三千功满，八百果圆，丹书下诏，脱壳飞升，逍遥天外，浩劫长存，岂不美哉？不负太上度人之婆心，以愈圣德之慈意，学者其毋忽焉。此是道德天尊之厚望也。夫是为序。

时甲辰年乾月望日　文昌帝君序于朝阳古硐

重刻清静经图注后叙

世间之善，惟有刻印善书经典，为行善第一功德。盖济人利物，虽皆是善，究竟一人所行有限，终不若善与人同之为广远也。夫秉彝之良，人所固有，第无所观，感则亦不能兴起，诚得善书经典读之，则勃然感动。恶者，见此改行。善者，闻而坚进。是众人之善，皆书与之善，其功不甚伟乎？再遇同志，递相传刻，则天下皆不难到，互相劝勉，善人愈多，善事愈广，是此一举，有无量之善矣！故功过格言，以善书传大豪杰、大贵人者，当千善，广布无边，重刻不朽者，当万万善。西安省城，多公祠，复初道人余明善，募化功德，诠刻各种善书经典，广布流传，但愿人人改过自新，遵行善道，孝养父母，恭敬三宝，竭忠于君，不杀不盗，壹是皆以正心修身为本，行善积德为根，如此根本既立，丰稔可期，清平可保，优游盛世，群号贤良，岂不同乐尧天舜日，共享清平之福哉？是为叙。

时在　大清同治十一年岁次壬申乾月朔日

西岳华山聚仙台复初道人余明善　薰沐谨叙

重刻清静经后叙

夫天道之变化，地道之兴衰，人道之善恶，古今之常理也。日月之盈亏，气运之消长，圣凡之超堕，亦是古今之定数也。噫嘻，三期之劫至矣！三教之经显矣！三才之道明矣！今太华山聚仙台混元硐中，有一全真道人，道号复初，得受先天大道，身守三皈五戒，隐居硐中，苦修数载，内果已成，复培外功，虔诵皇经，祈保清平，敬惜字纸，尊重圣贤，补修庙宇，以妥神灵。舍药送方，救人疾苦。刻印各种善书经典，广布流传。代天行化，设立讲堂，常日宣讲圣谕善书，劝醒迷人，功果两全。丹经奇遇，焚化字纸，见有《清静经》一卷，乃系太上老君所著，有图有解，言言金科，句句玉律，经中所喻无极太极之源来，先天后天之变化，明善复初之关窍，安炉立鼎之定位，炼已筑基之法则，采药得药之活机，去浊留清之奥妙，约苗老嫩之审实，水火升降之法轮，乾坤坎离之交姤，返本还原之抽添，武炼文烹之止足，阳火阴符之进退，温养沐浴之定静，面壁脱胎之超证，积功累德之栽培，一一备载，节节详明，真乃人天之共宝，仙佛之云梯也。尔时道人将经阅毕，大声称赞：善哉，善哉！古今罕见之妙解也。昔前虽见斯经，未见图注。其经传世久矣，惜乎未得广布，焉能人人同睹，家家共闻，必有挂一漏万者也。复初道人，大发普公之婆心，愿造渡人之慈航，募化功德，重刻经板，广布流传，遍溢四海，惟愿人人明德，个个修身，挽转人心，以回天意，妖氛消灭，世得清平，风调雨顺，国泰民安，刀枪入库，马放南山，五谷丰登，三曹安宁，同享清平之福，共乐尧天之庆，以酧天神育化之德，更报国家教养之恩，以满太上度世之愿，同超父母养育之恩，普结天下贤良之缘。同看太上清静之经，共得先天一贯之道，均享天爵人爵之风，岂不美哉！岂不善哉！不负道人募化之功，是为古今之厚望者也。是余不揣鄙陋，援笔乐而为序。

时在大清同治十一年，岁次壬申，乾月望日，乐山子谨叙

清静经图注

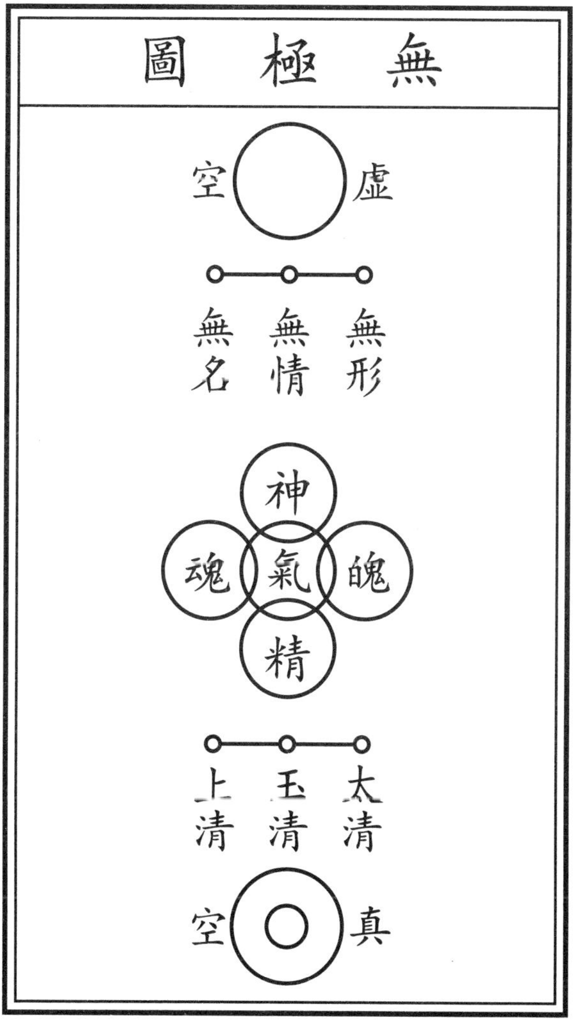

无极品第一

老君曰：大道无形，生育天地。大道无情，运行日月。大道无名，长养万物。

☯注：老君曰，老者乾阳也，君者性王也，曰者说谈也。夫老君之出，莫知其原，自混沌以来，无世不出。上三皇号万法天师，中三皇号盘古神王，后三皇号郁华子，神农时号大成子，轩辕时号广成子。千变万化，难以尽推。或化儒圣，或化释佛，或化道仙，隐显大而莫测。或著《感应》，或著《道德》，或著《清静》，功德以无边。大道无形者，大为无外，道为至善，无是无极，形是踪迹也。夫大道本鸿蒙未判之元炁，有何形质之见耶？生育天地者，生为生化，育为含养，天为阳气，地为阴气。而天地何由大道之生也？每逢戌亥二会为混沌，混沌者，无极也。以待子会之半，静极一动而生阳。阳气上浮以为天，在人为玄关。以待丑会之半，动极一静而生阴。阴气下凝以为地，在人为丹田。故曰：天开于子，地辟于丑也。大道无情者，夫道本属先天，无声无臭；情者本属后天，有作有为。无情是无为之道也。运行日月者，运是旋转，行为周流，日为金乌，月为玉兔。日属离卦，则有寒暑之来往。月属坎卦，则有消长之盈亏。在人为圣日圣月，照耀金庭。大道无名者，名是名目。先天大道，无形无象，无始无终，有何名字，强名曰道。长养万物者，长为长生，养为养育，万物是胎卵湿化、昆虫草木之类，皆得先天之气而生者也。世人若肯回头向道，访求至人指示身中之天地，身中之日月，修无形、无情、无名之道，炼神宝、气宝、精宝之丹，返上清、太清、玉清之宫，证天仙、金仙、神仙之果，逍遥物外，浩劫长存，这等好处，何乐而不为也？

木公老祖诗曰：

道德天尊演妙玄，尊经一部即真传。
求师指破生死窍，得诀勤修龙虎丹。
个个同登清静道，人人共上彩云莲。
无极宫内受封后，快乐逍遥自在仙。

文昌帝君诗曰：

一部尊经度世船，五湖四海任盘旋。
若不点破经中理，枉费工夫拜几筵。
个里玄机惟一拨，壶中春色数千年。
天尊口诀斯经露，按法修行赴九天。

皇極圖

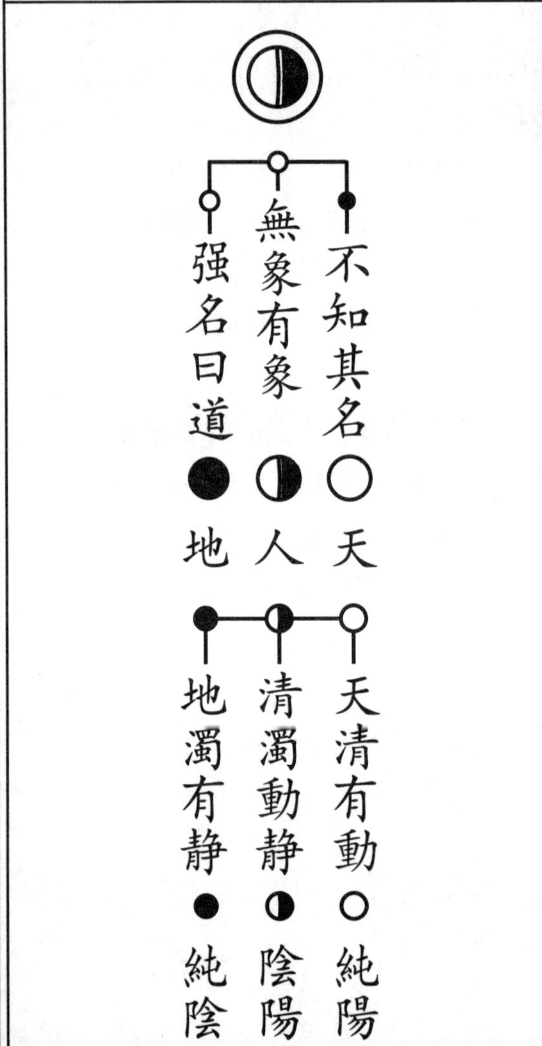

皇极品第二

吾不知其名，强名曰道。夫道者，有清有浊，有动有静。天清地浊，天动地静。

☯注：吾不知其名者，吾乃我也，是太上自叹。大道本无形象所定，更无名色所拟，由强勉取名曰道。夫道虽曰强勉，以字义而推之，实不强也。何矣？仓颉夫子造“道”字，深隐玄蕴。夫“道”字，先写两点，左点为太阳，右点为太阴，似太极阴阳相抱。在天为日月，在地为乌兔，在人为两目，在修炼为回光返照也。次写一字，乃是无极一圈。此圈在先天属乾，《易》曰：乾圆也。鸿蒙一破，其天开也。圈折为一，《易》曰：乾一也。经曰：天得一以清，地得一以宁，人得一以圣。儒曰：惟精惟一。释曰：万法归一。道曰：包元守一。次写自字于下者，言这一字圈圈，日月团团，乃在自己身上。儒曰：道也者，不可须臾离也，可离非道也。上下相合成一首字。首者，头也。修道是头一宗好事。次写走之者，行持也，乃周身法轮自转。此名道字之义也。夫道者，乃性与天道，不可得而闻也。有清天气也，有浊地气也。有动阳气也，有静阴气也。天清纯阳也，地浊纯阴也。天动乾圆也，地静坤方也。清浊动静，在天显象于日月，在地显象于春秋，在人显象于圣凡。日为阳，常圆常满；月为阴，有晦有亏。春为阳，而万物发生；秋为阴，而万物颓败。圣为阳，脱壳以升仙；凡为阴，寿终以为鬼。此谓清浊动静之理，大概而言之也。不知世间乾坤男女，可知身中清浊动静否？若是不知，急早积德，感动天心，明师早遇，指示身中之大道，圣日圣月之照临，将浊阴之气而下降，提清阳之气以上升。寂然不动，谓之静；感而遂通，谓之动。常以有欲以观其窍，动也；常以无欲以观其窍中之妙者，静也。采药者，动也；得药者，静也。九节玄功，节节有动静清浊，须待口传心授，方可了然于心，成仙有何难哉？

吕祖诗曰：

清静妙经亘古无，水精注后理方舒。
品分廿四超三界，大地遵崇护宝珠。

关帝诗曰：

一卷无为清静经，旁门外道不相亲。
改邪归正循天理，长生不死也由人。

观音诗曰：

阴阳动静在人天，皇极中宫炼汞铅。
识得浊清升降法，明灯不夜照三千。

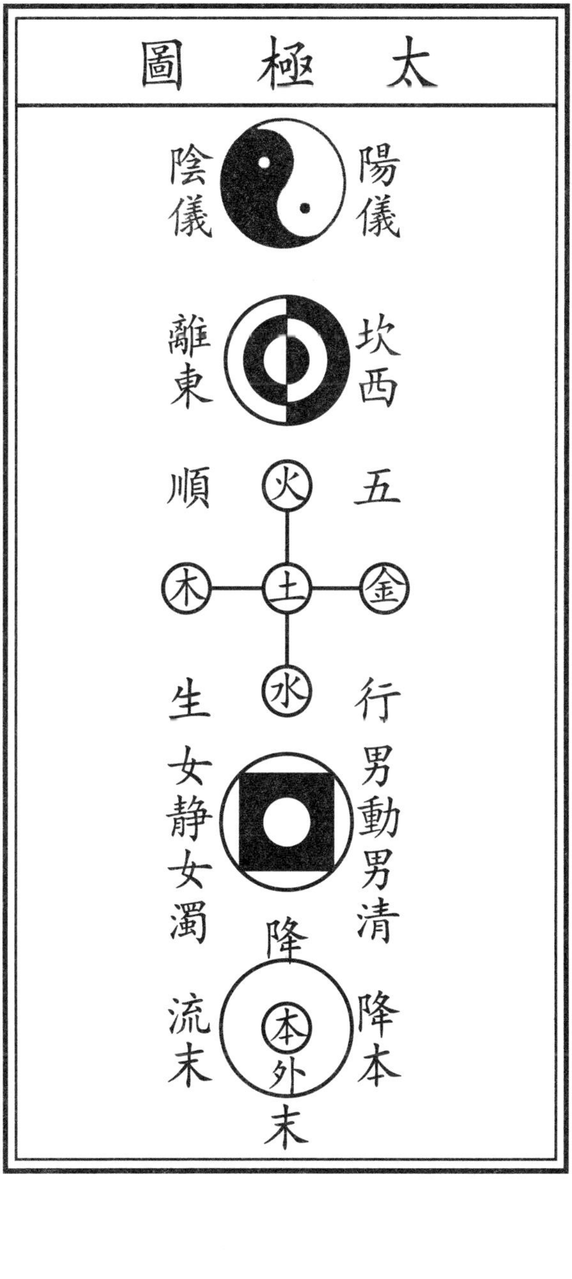
太極圖
陰儀
陽儀
離東
坎西
順
五
火
木
土
金
水
生
行
女靜女濁
男動男清
降
流末
降本
本
外末

太极品第三

男清女浊，男动女静。降本流末，而生万物。

注：男清女浊者，男禀乾道以成体，故曰清也。女禀坤道以成形，故曰浊也。男属太阳，而阳中有阴，离中虚也。女属太阴，而阴中有阳，坎中满也。故男子十六清阳足，女子十四浊阴降。清阳者，壬水也；浊阴者，癸水也。壬为白虎，癸为赤龙，故仙家有降龙伏虎之手段，返本还原之天机，故曰长生而不死也。男动女静者，男禀天之气以生，女禀地之气而成，故曰天动地静也。此男女之论者，非实属男女也，阴阳而已矣。降本流末，而生万物者，降为生，流为成，本为始，末为终，是故万物乃人之末，人为万物之本，人又为天地之末，天地为人之本。夫人不可以无本，亦不可以无末。本者体也，末者用也，则两不相离。天地以太空为本，而生人畜万物；人畜以至善为本，而生周身百体。天不失其本，则天且长且久；人不失其本，则人为佛为仙，亦可以与天地同寿矣。夫人自古皆有死，何由不至于死也？岂不闻《吕氏春秋》曰：人能一窍通，则不死，其寿在神。圣经云：物有本末，事有终始。知所先后，则近道矣。《道经》云：生我之门死我户，几个惺惺几个悟？夜来铁汉自思量，长生不死由人做。噫嘻！这玄关一窍，异名多端。儒曰：灵台、至善、太极、无思无虑之天、己所独知之地。释曰：灵山、虚空、皇极、南无涅槃之天、阿弥陀佛之地。道曰：灵关、金庭、无极、三清紫府之天、万殊一

本之地。三教名虽异，而其所一也。在儒得此窍而成圣，在道得此窍而成仙，在释得此窍而成佛也。只是此窍，上苍所秘，而三教圣人，不敢明泄于书，防匪人得之，恐遭天谴。必要访求至人，低心受教，指示此窍，次第工夫，是道则进，非道则退。若是以泥丸、囟门、印堂、顽心、肚脐、心下、脐上、下丹田、两肾中间一穴、尾闾、夹脊、玉枕为玄关者，皆非大道之所也。

土道古佛诗曰：

女女男男浊浊清，还从本末觅真情。
有为曰动无为静，得本延年失本倾。
急早回头修至善，趁时气在学长生。
任君积下千金产，一旦无常空手行。

火公老人诗曰：

太极阴阳玄妙多，长生大道少人摩。
世间若要人不死，接命添油养太和。

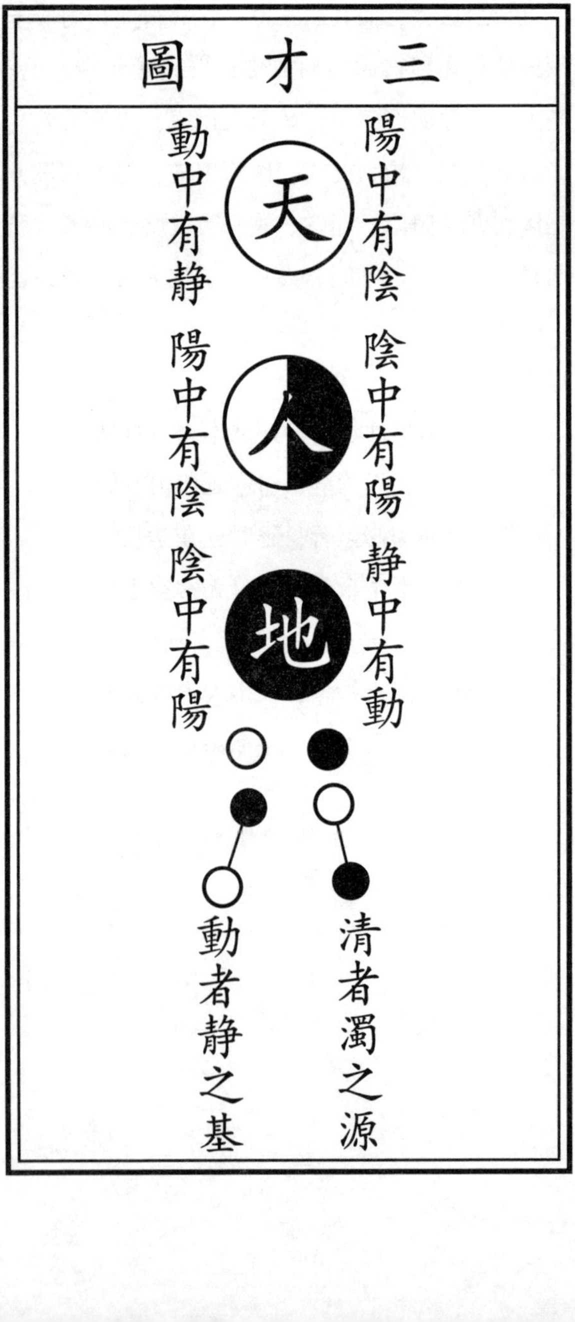
三才圖
天
陽中有陰
動中有靜
人
陰中有陽
陽中有陰
地
靜中有動
陰中有陽
清者濁之源
動者靜之基

三才品第四

清者浊之源，动者静之基。

☯注：清者，轻清也；浊者，重浊也。源者，源头也；静者，无为也；动者，有为也；基者，根本也。何为清者浊之源？夫天本是清气上浮，这清气还从地中发生。地本阴浊之体，由阴极而生阳，浊定而生清也。男本清静之体，女为污浊之身。虽清静之体，其源出于污浊之身也。丹道以神为清阳之体，而神之源头，由交感之浊精化成阳精，由阳精而生气，由气而生神也。故曰：炼精化气，炼气化神。岂不是清者浊之源也？静者动之基，何谓也？地本静也，其源还从天气所结。女本静也，其源还从父母所降。丹道以无为为静，有为为动，其源还从有为立基。故曰：动者静之基也。奉劝世人，急早回头向道，将自身中浊气拨尽，清气上浮，凝结成丹，长生不死，积功累德，丹书来诏，脱壳飞升，逍遥物外，将生身父母同超天堂，共享极乐，不亦欣乎？可叹世有一等愚迷贪痴之人，不知性理，他说仙佛皆有分定，不是凡夫做得到的。正所谓道不远人，人之为道而远人。自暴自弃，甘堕苦海，全不思想人秉阴阳五行而生，为万物之首，可以行天地之全功，更可以载天地之大道。夫天地之道，显象于日月；而日月之道，显象于阴阳；而阴阳之道，亦显象于消长也。消阳长阴，凡夫之道，待至阳尽阴纯而成鬼。消阴长阳，异人之道，待至阴尽阳纯而成仙。况人半阴半阳，半仙半鬼也，若将半边阴气炼退，则成纯阳，纯阳者仙也，何难之有？孟子曰：尧舜与人同耳。颜子曰：舜何人也？予何人也？有为者，亦若是。此皆言人人可以为圣贤，人人可以为仙佛，只在有志无志之分耳。有志者，不论在家、出家，都能修身。在家者，妻为朋，子为伴，自身虽在红尘，而心出乎红尘，何等便宜之事也。

吕祖诗曰：

看破浮生早悟空，太阳隐在月明中。
时人悟得阴阳理，方夺天机造化功。

韩祖诗曰：

虚心实腹求铅光，月里分明见太阳。
湛破浊清升降路，自然丹熟遍身香。

急性子诗曰：

男清女浊有先天，不晓根基亦枉然。
女斩赤龙男降虎，何愁俗子不成仙。

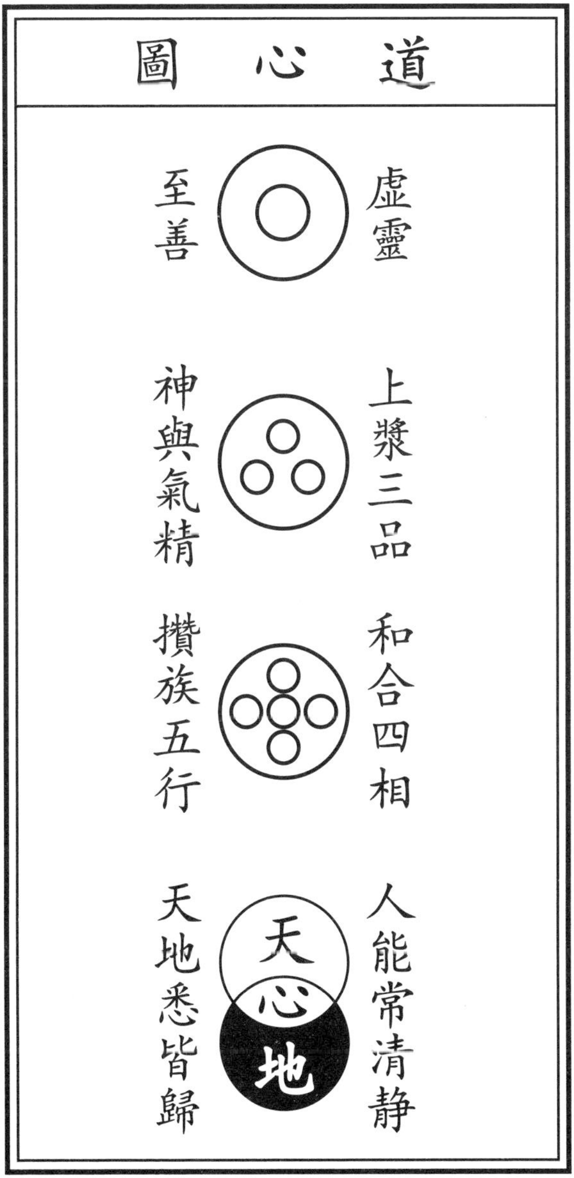
道心圖
虛靈
至善
上漿三品
神與氣精
和合四相
攢族五行
人能常清靜
天地悉皆歸
天
心
地

道心品第五

人能常清静，天地悉皆归。

注：人者，善男信女也；能者，至强无息也；常者，二六时中也；清者，万缘顿息也；静者，一念不生也。修道之人，以清静为妙。非礼勿视，则眼清静矣；非礼勿听，则耳清静矣；非礼勿言，则口清静矣；非礼勿动，则心清静矣。天地悉皆归者，得明师指点身中之天地。天气归地，汞投铅也；地气归天，铅投汞也。神居北海以清静之功，则身中天气悉归之，而身外之天气以随之；神居南山以清静之功，则身中地气悉归之，而身外之地气以随之。所言身中之天者，道心而已矣；身中之地者，北海而已矣。道心先天属乾，乾为天，故以道心为天也；北海先天属坤，坤为地，故以北海为地也。此身中之天地，而感身外之天地，身外之天地，以应身内之天地，而身内之天地有主宰，则身外之天地之气悉归于内也。若无主宰，则身内天地之气悉归于外也，不能成道，反与大道有损。《书经》曰：人心惟危，道心惟微，惟精惟一，允执厥中。正是教人去人心，守道心。无奈世人不得明师指点，总在书上找寻大道，岂不思这大道，至尊至贵？子贡曰：夫子之文章，可得而闻也。夫子之言性与天道，不可得而闻也。又曰：君子忧道不忧贫。子曰：朝闻道，夕死可也。似此数语推之，何等贵重，岂将大道露泄于纸墨乎？又岂将大道不分贵贱，君子小人俱可得乎？定无此理也。三教圣人之经典，所言治国齐家，人

事之常道者，品节详明。所言修身次第工夫，概是隐而不露。所露者，不过是以肉团顽心为虚灵不昧，或以心下三寸六分为黄庭，以两肾中间一穴为父母未生前，以冥心空坐为道心，又为返本还原，一概虚假，世人信以为实，深可叹也。

正阳帝君诗曰：

可叹苍生错认心，常将血肉当黄庭。
三途堕落无春夏，九界升迁少信音。
便向仙街了罪籍，遂从道路脱寒阴。
吉凶两岸无差错，善士高升恶士沉。

重阳帝君诗曰：

道心惟微人心危，几个清清几个知。
至善中间为硐府，玄关里面是瑶池。
猿猴紧锁休迁走，意马牢拴莫教驰。
允执厥中函养足，金光一道透须弥。

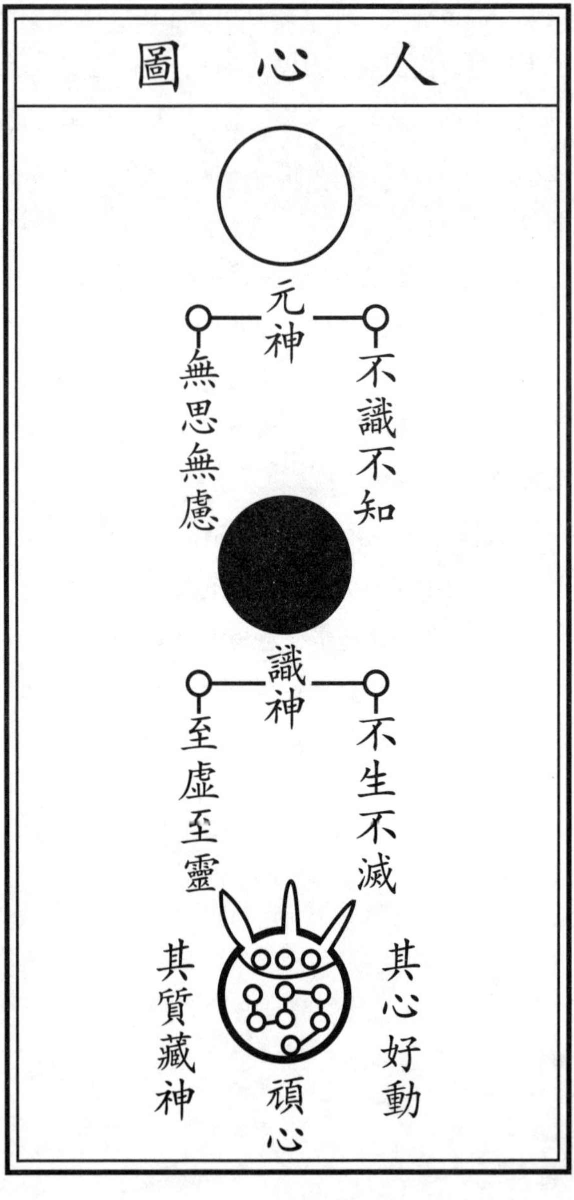
人心圖
元神
無思無慮
不識不知
識神
至虚至靈
不生不滅
其質藏神
其心好動
頑心

人心品第六

夫人神好清，而心扰之。

☯注：夫人神好清者，一阴一阳乃为人，人得一为大，大得一为天，超出天外，方为夫字。人者，得天气下降，地气上升，阴阳相结，以为人也。神者，禀父母之性为元神，受天地之性为识神。而元神无识无知，能主造化；识神最显最灵，能应变无停。此神是人之主人翁也。其神之原，出于无极，道家呼为铁汉，释氏唤作金刚，儒家叫做魂灵，不生不灭，不增不减，在身为魂，出身为鬼，修善为仙为佛，作恶变禽变兽。夫元神，随身之有无，从受胎以得其生，凝于无极之中央，主宰生身之造化，十月胎足，瓜熟蒂落，地覆天翻，一个筋斗下地，囫的一声，而元神从无极逩下肉团顽心，而这识神趁此吸气，随吸而进，以为投胎，与元神合而为一，同居于心。从此以心为主，而元神失位，识神当权，七情六欲，昼夜耗散。而元神耗散以尽，地水火风，四大分驰，其身呜呼哀哉。以识神为自己之真性以舍身而出，纵寿高百岁，不免大梦一场，必有鬼卒押至地狱，将平生之善恶，照簿赏罚。善者，或转生来世，以受福报，或为鬼神，享受香烟。恶者，或转世以受恶报，或失人身以变四生，而万劫难复也。好者爱也，清者静也。此言元神本好清静，无奈人心之识神而好动作，时常以扰之，不能清静。因不能清静，朝伤暮损，渐磨渐亏，元神一衰，而百病相攻，无常至矣。奉劝世人，要晓人身难得，中华难生，佛法难遇，大道难逢。今得人身，幸生中华，切莫湖湖混混，以过一世。要把性命二字为重，识神、元神当分，真身、假身当晓，人心、道心当明。切不可以人心当道心，以识神当元神，以假身当真身。

佛经云，心字诗：

三点如心布，横钩似月斜。
披毛从此出，作佛也由他。

吕祖曰：

人生难得今已得，大道难明今已明。
此身不向今生度，更向何生度此身。

黄老诗曰：

一贯道心孔氏书，于今清静启灵图。
真经真法皆言道，天理天年也在儒。
汉武枉寻千岁药，秦王空想万年谟。
此经在手春秋永，别有乾坤镇玉壶。

太白星诗曰：

群经惟此有奇思，翻案偏然有妙词。
那管春秋而过去，只将旦暮以窥之。
全凭清静为灵药，岂有人心种紫芝。
道心才为真父母，精神力量庇佳儿。

六賊圖

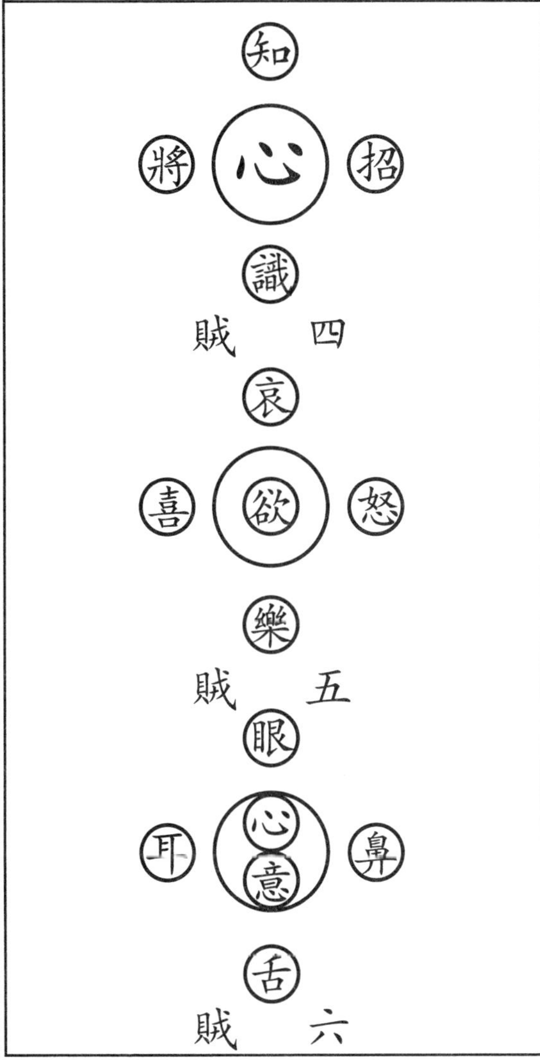

六贼品第七

人心好静，而欲牵之。

注：人心者，常人之心也。好静者，不爱妄动也。欲者，七情六欲也。牵之者，牵引外驰也。夫人心本不好静，因有元神在内，有时元神主事，故心有时好静也。道心本不好动，因有识神在内，有时识神主事，故心亦有时好动也。人身因有六根，则有六识；因有六识，则有六尘；因有六尘，则有六贼；因有六贼，则耗六神；因耗六神，则堕六道也。六贼者，眼、耳、鼻、舌、身、心是也。眼贪美色而不绝，久以后，这点灵性堕在卵生地狱，变为飞禽鹊乌羽毛之类，身披五色翎毛，何等好看！耳听邪话而不绝，久以后，这点灵性堕在胎生地狱，变为骡驼象马走兽之类，项带铃铛，何等好听！鼻贪肉香而不绝，久以后，这点灵性堕在湿生地狱，变为鱼鳖虾蟹水族之类，常在臭泥，何等好闻！舌贪五荤三厌而不绝，久以后，这点灵性堕在化生地狱，变为蚊虫蛆蠓虮虱之类，还是以口伤人伤物，何等有味！心贪财而无厌，久以后，这点灵性堕在驼脚之类，一生与人驮物，而货财金银常不离身，何等富足！身贪淫而无厌，久以后，这点灵性堕在烟花鸡鸭之类，一日交感无度，何等悦意！此言六欲牵心之报也。还有七情之伤，而不可不知也。七情者，喜、怒、哀、惧、爱、恶、欲是也。喜多伤心，怒多伤肝，哀多伤肺，欲多伤脾，爱多伤神，惧多伤胆，恶多伤情，此为七情牵心之伤也。又有外十损，而

亦不可不知也。久行损筋，久立损骨，久坐损血，久睡损脉，久听损精，久看损神，久言损气，食饱损心，久思损脾，久淫损命，此为十损也。大凡世人无一不受此六贼、七情、十损之害也。奉劝天下善男信女，将六贼七情十损一笔勾销，返心向道，切莫上此贼船，恐堕沉沦，悔之晚矣。

无心道人诗曰：

眼不观色鼻不香，正意诚心守性工。
三境虚空无一物，不生不灭寿延长。

清静子诗曰：

妄念才兴神急迁，神迁六贼乱心田。
心田既乱身无主，六道轮回在目前。

尹真人诗曰：

灵光终夜照河沙，凡圣原来共一家。
一念不生全体现，六根才动被云遮。

三尸圖

上尸 靈臺 彭琚

中尸 靈爽 彭瓆

下尸 靈精 彭璠

三尸品第八

常能遣其欲而心自静，澄其心而神自清。自然六欲不生，三毒消灭。

☯注：常者，平常也。能者，志能也。遣者，逐遣也。欲者，私欲也。言二六时中，将灵台之上打扫洁净，勿使万物所摇，外相不入，内相不出，而道心自然清静矣。澄其心者，将浑水以澄清也。而心有杂念，如水之有泥浆也。知止而后有定，定而后能静。五祖曰：身是菩提树，心乃明镜台。时时勤打扫，休得惹尘埃。六祖曰：菩提本无树，明镜亦非台。本来无一物，怎得惹尘埃。正此之谓也。而神自清者，心无念头扰挠，而元神自然清明。元神清明，而眼耳鼻舌心身六欲则无妄动矣。三毒者，三尸也。人身有三尸神，名三毒。上尸名彭琚，管人上焦善恶；中尸名彭瓆，管人中焦善恶；下尸名彭zs，管人下焦善恶。上尸住玉枕关，中尸住夹脊关，下尸住尾闾关，每逢庚申甲子，诣奏善恶。又有九蛊作害不浅，阻塞三关九窍，使其真阳不能上升。而九蛊俱有名字，一曰伏蛊，住玉枕窍；二曰龙蛊，住天柱窍；三曰白蛊，住陶道窍；四曰肉蛊，住神道窍；五曰赤蛊，住夹脊窍；六曰隔蛊，住玄枢窍；七曰肺蛊，住命门窍；八曰胃蛊，住龙虎窍；九曰蜣蛊，住尾闾窍。三尸住三关，九蛊住九窍，变化多端，隐显莫测，化美色，梦遗阳精，化幻境，睡生烦恼，使其大道难成矣。故丹经云：三尸九蛊在人身，阻塞黄河毒气深。行者打开三硐府，九蛊消灭寿长生。正此之谓也。不知修道之士可知斩三尸杀九蛊之法否？倘若不知，急访明师，低心求指大道，请动孙悟空，在东海龙宫求来金箍棒，打三关，借来猪八戒之钉扒，扒开九窍，而三尸亡形，九蛊灭迹，关窍通彻，法轮常转，性根长存，命基永固，七情顿息，六欲不生，三毒消灭矣。

清虚真人诗曰：

茅庵静坐胜高楼，斩去三尸上十洲。
堪叹玉堂金马客，文章锦绣葬荒坵。

无垢子诗曰：

七情六欲似风尘，一夜滂沱洗垢新。
待等地雷初发动，尸嚎鬼哭好惊人。

达摩祖师诗曰：

一阳气发用功夫，九蛊三尸趁此除。
到阵擒拿须仔细，恐防堕落洞庭湖。

氣質圖

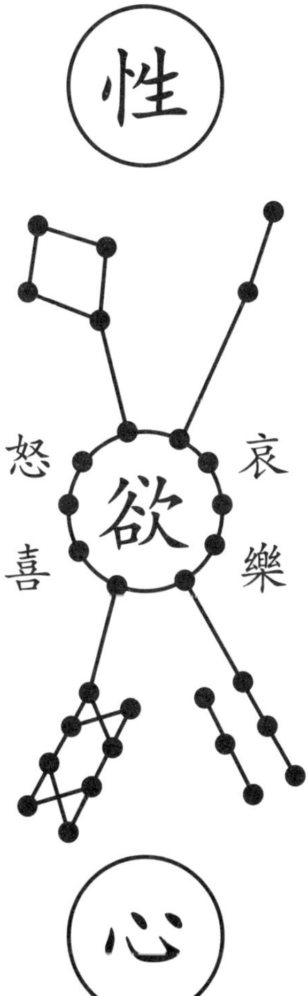

气质品第九

所以不能者，为心未澄、欲未遣也。

注：所以不能者，是不能扫三心飞四相也。为心未澄者，是人心未死也。欲未遣者，是七情六欲常未去也。盖人生天地之间，不能成仙成佛、成圣成贤者，何也？皆因不能去喜、去怒、去哀、去乐者明矣。若果能去喜情化为元性，去怒情化为元情，去哀情化为元神，去乐情化为元精，去欲情化为元气。五欲化为五元，有何仙不可成，而何佛不可证也？儒曰：戒慎乎其所不睹，恐惧乎其所不闻。释曰：无眼耳鼻舌身意，无色身香味触法。道曰：恍恍惚惚，杳杳冥冥。如照三教圣经行持，又有何私不可去，而何欲不可遣也？夫三教圣人，总是教人去其私欲者，何也？然而私欲乃属阴也。三教圣人总是教人炼其纯阳者，何也？然而纯阳乃属仙也。顺其阴者，鬼也，顺其阳者，仙也。丹经云：朝进阳火，暮退阴符。不知世之善男信女，可知进阳退阴之功否？倘若不知，速将世间假事一笔勾销，积德感天，明师相遇，指示性与天道，进阳退阴之理，口传心授，不劳而得焉。噫！性与天道不可得而闻也，岂易闻乎哉？吾将天道略指大概而言之。每逢朔日，天上日月并行，至初三巳时，进一阳，名地雷复；至初五日亥时进二阳，名地泽临；至初八日巳时，进三阳，名地天泰，为铅八两；至初十日亥时，进四阳，名雷天大壮；至十三日巳时，进五阳，名泽天夬；至十五日亥时，进六阳，名乾为天。《易》曰：君

子终日乾乾。纯阳之体也。若不用火锻炼，过此又必生阴矣。至十八日巳时，进一阴，名天风姤；至二十日亥时，进二阴，名天山遁；至二十三日巳时，进三阴，名天地否，为汞半斤；至二十五日亥时，进四阴，名风地观；至二十八日巳时，进五阴，名山地剥；至三十日亥时，进六阴，名坤为地。六爻纯阴也，而天上则无月。无月者，则无命矣。

道光祖诗曰：

悟道修行是进阳，河图之数大文章。
双为私欲单为道，退乃符消进乃长。
但得真传无极理，自然丹熟遍身香。
一朝脱却胎州袄，跳出凡笼礼玉皇。

钟离祖诗曰：

炼性先须炼老彭，一轮娥月西南横。
阴符进退丹益熟，阳火盈亏月渐明。
扯坎填离返本位，擒乌捉兔复初城。
从今不上阎王套，我做神仙赴玉京。

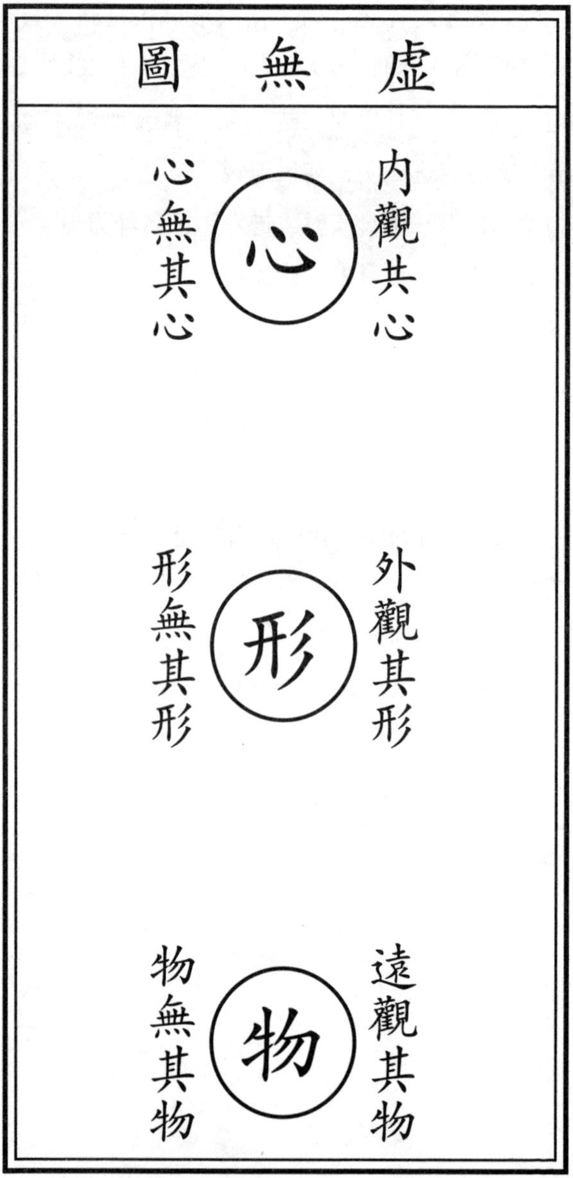
虛無圖
內觀共心
心
心無其心
外觀其形
形
形無其形
遠觀其物
物
物無其物

虚无品第十

能遣之者，内观其心，心无其心，外观其形，形无其形，远观其物，物无其物，三者既无，惟见于空。

☯注：能遣之者，是将一切杂念遣逐他方也。内观其心者，是瞑目内视也。心无其心者，念头从心而发，连心都没得了，看他从又何生也？外观其形者，是瞑目外视也。形无其形者，心生形，连形都没得了，看他心又从何生也？远观其物者，是瞑目远视，天地、日月、星辰、山河、林屋都没得了，看他身又生于何处也？三者既无，是言心、身、物都似乎没得了。惟见于空者，是言天、地、人三才万物，未有一物，混混沌沌，只有虚空，常未了却，故曰：惟见于空。以外而言，乃是虚空，以内而言，乃是真空。真空者，自身之玄关也。经云：三界内外为道尊。老祖曰：吾所以有大患者，为吾有身，及吾无身，吾有何患？又云：后其身而身先，外其身而身存。《金刚经》云：不可以身相见如来。临济禅师云：真佛无形，真性无体，真法无相。古仙云：莫执此身云是道，此身之外有真身。自古成道、仙、佛，皆以忘形守道为妙。可叹世间有等愚人，不但不能忘其形，而且将此假身认为真身，饱酒肉以肥此身，恋美衣以饰此身，爱美色以伴此身。至于修炼，无非八段锦、六字气、小周天，一切都在色身上搬弄。或者服三皇药草、五金八石，以为外丹；或者行三峰采战之功，将年幼女子，以为炉鼎，把女子之精气夺来，名为采阴补阳；或者吸精气以为补脑；或者服红铅，名为先天梅子；或者服白乳，以为菩提之酒；或者枯坐，以为参禅；或者守心，以为炼性。种种旁门，三千六百，难以尽举，都在色身上作事，地狱里找路，不但不能成仙，一旦阳气将尽，四大分驰，一点灵性，永堕沉沦，而肉身何在之有也？呜呼！真可叹哉！

金蝉子诗曰：

虚无一炁成仙方，空觉色身觅性王。
功满三千丹诏下，超凡成圣步仙乡。

紫清真人诗曰：

此法真中妙更真，无头无尾又无形。
杳冥恍惚能相见，便是超凡出世人。

翠虚子诗曰：

无心无物亦无身，得会生前旧主人。
但是此中留一物，灵台聚下红砂尘。

虛空圖

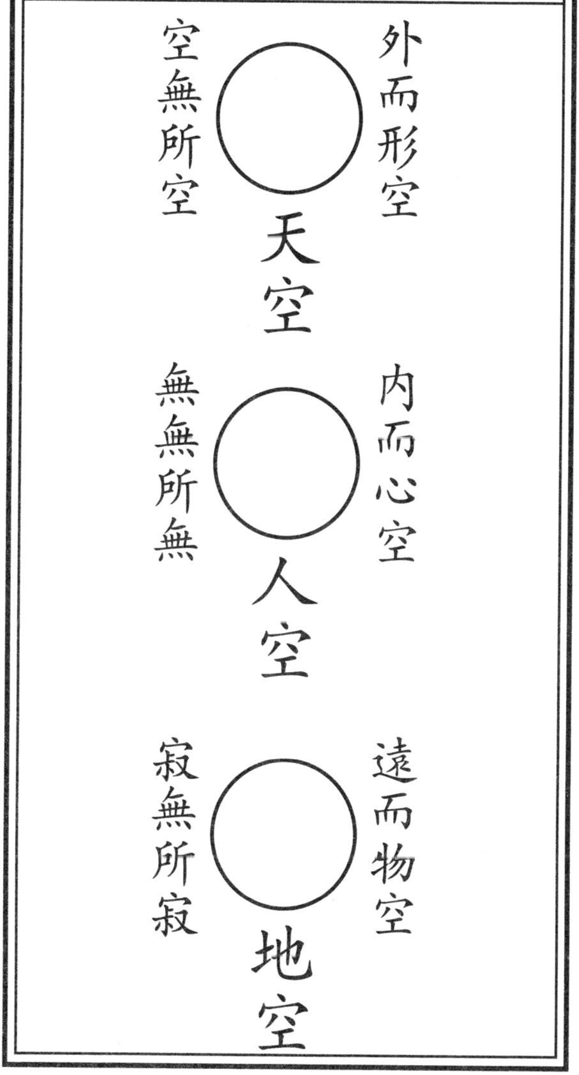

虚空品第十一

观空亦空，空无所空。所空既无，无无亦无。无无既无，湛然常寂。寂无所寂，欲岂能生。欲既不生，即是真静。

☯注：观空亦空，空无所空者，此承上文而言，三心已扫，四相已飞，外不知其物，内不知其心，只有真空存焉，到如是之际，连真空都没有了。无无亦无，无无既无，是言无真空，无太空，无欲界，无色界，无想界，无思界，粉碎虚空。湛然常寂，寂无所寂者，言其大定，无人无我，混混沌沌，一派先天矣，欲岂能生？欲既不生，即是真静者。言欲念不生，则入真静，三花自然聚顶，五炁自然朝元。神空于下焦，则精中现铅花；神空于中焦，则气中现银花；神空于上焦，则神中现金花，故三花聚于鼎矣。空于喜则魂定，魂定而东方青帝之气朝元；空于怒则魄定，魄定而西方白帝之气朝元；空于哀则神定，神定而南方赤帝之气朝元；空于乐则精定，精定而北方黑帝之气朝元；空于欲则意定，意定而中央黄帝之气朝元，故曰五气朝元。儒曰：人欲尽净，天理流行。释曰：无无明，亦无无明尽。道曰：虚其心，实其腹。皆是言观空之道。虽曰观空之道，亦不是顽空枯坐，不过去其杂念而已。倘若未得明师指示，何处安炉，何处立鼎，何谓炼己，何谓筑基，何谓采药，何谓得药，何谓老嫩，何谓河车，何谓火候，何谓乾坤交姤，何谓坎离抽添，何谓金木交并，何谓铅汞相投，何谓阳火阴符，何谓清静沐浴，何谓灌满乾坤，何谓脱胎神化，次第功夫，任你观空静坐，纵有三花，聚于何鼎？任有五气，朝于何元？只落得形如枯木，心若死灰，一朝寿满，清灵善化之鬼，来去明白，名叫鬼仙。或顶众神而受香烟，或转来世以为官宦。倘若迷性，依然堕落，前工枉费，深可痛哉！好道者，慎之谨之。

观空子诗曰：

富贵荣华似水沤，尘劳识破上慈舟。
观空得宝炉中炼，稳跨青鸾谒帝洲。

惧留孙诗曰：

空形空象空仙方，空寂空心空性王。
空里不空空色相，真空观妙大文章。

玉鼎真人诗曰：

无为大道是观空，不是枯禅修鬼童。
若得明师亲说破，无形无象结玲珑。

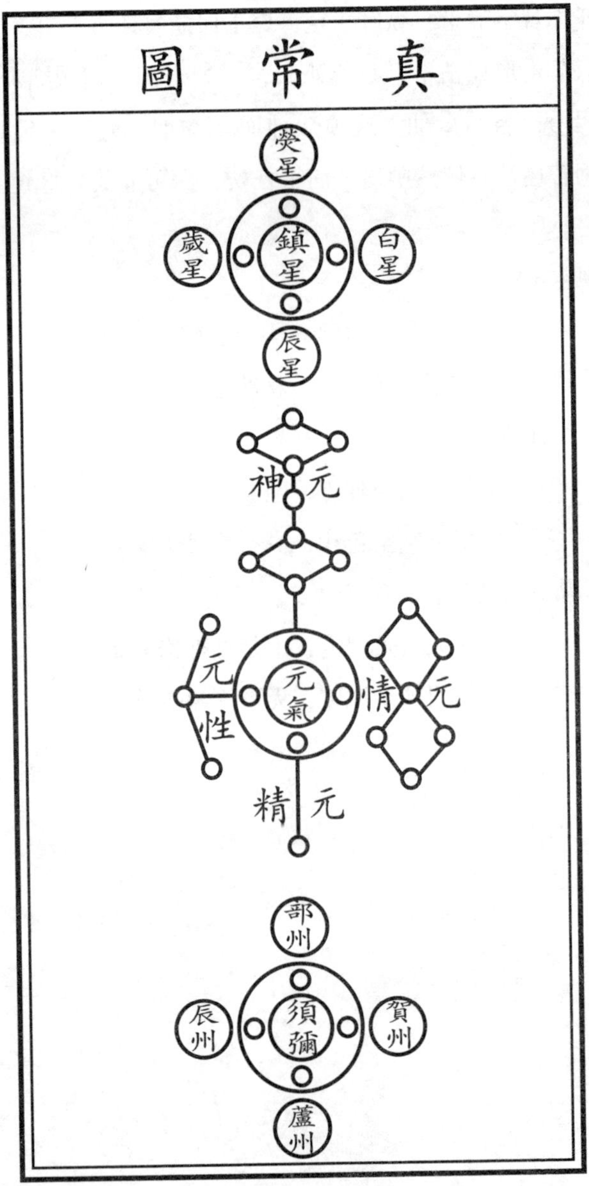
真常圖
熒星
歲星
鎮星
白星
辰星
元神
元性
元氣
元情
元精
部州
辰州
須彌
賀州
蘆州

真常品第十二

真常应物，真常得性。常应常静，常清静矣。

☯注：真常应物者，无念纷扰谓之真，五德五元谓之常，感而遂通谓之应，药苗发生谓之物也。真常得性者，此感彼应谓之得，真灵不散谓之性也。常应常静者，此常乃平常之常，又非真常之比也。平常事来则应，事去则静矣。常清静矣，是言寂然不动也。修道之士，每日上丹，扫心飞相，去妄存诚，阳极生阴，寂然不动，万缘顿息，阴极生阳，感而遂通，万脉朝宗，而先天五德发现，名曰真常。真常者，良知也。先天五元发现，名曰应物。应物者，良能也。良知良能，乃名真性。人心死尽，道心全活，乃名真常得性。先天一气，名为物知觉，收敛名为应。人心常死，则道心常活。道心常活，则妄念不生；妄念不生，则常复先天；常复先天，则药苗常生；药苗常生，则真性常觉；真性常觉，则真常常应；真常常应，则河车常转；河车常转，则海水常朝；海水常朝，则火候常炼；火候常炼，则金丹常结；金丹常结，则沐浴常静；沐浴常静，则法身已成；法身已成，了然无事。故曰：常应常静，常清静矣。可叹世人，在儒者，希圣学贤，一见四书五经，每言去欲为先，就以一味去欲而了大事，再不穷究存心养性，心是何存？性是何养？在释者，参禅学佛，一见《法华》、《金刚》，每言去念为先，就以一味去念而了大事，再不穷究明心见性，心是何明？性是何见？在道者，修真学仙，一见清静、道德，每言观空为先，就以一味观空而了大事，再不穷究修心炼性，心是何修？性是何炼？岂以一味顽空枯坐，道可成哉？岂不知大道即天道，天道生长万物，全赖日月星辰风云雷雨，《易》曰鼓之以雷霆，润之以风雨，日月推迁，一寒一暑是也。岂以一味空空无为，而万物自然成乎？

文昌帝君诗曰：

乾坤日月皆无心，赤炁扬辉处处灵。
惟有玄根同太极，自然焕发合天经。
流行万古兼千古，合撰清宁永太宁。
清静洞阳敷妙德，真机运动不留停。

孚佑帝君诗曰：

真常之气大而刚，充塞乾坤显一阳。
自此升平一万世，恒安熙皞乐无疆。
清炁灵图皆焕发，琼书宝典善铺张。
天地有根因有此，玄玄妙妙见真常。

真道圖

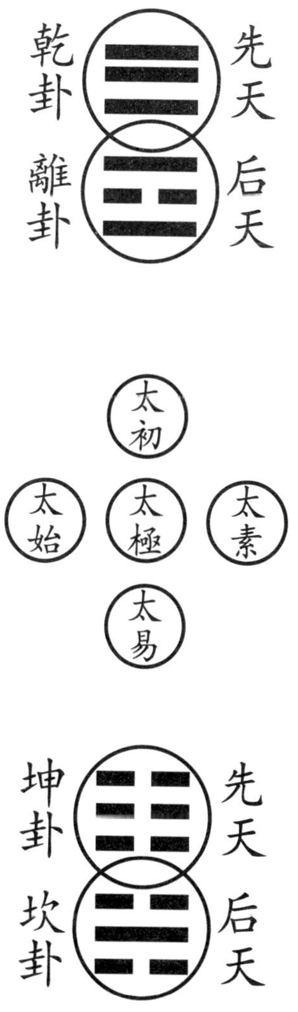

真道品第十三

如此清静，渐入真道。

☯注：如此清静，渐入真道者，此承上章而言，如此清静无为，可返先天。既返先天，渐次以入真道。真道者，非三千六百旁门，九十六种外道之比也。此为先天大道，生天生地生人生物之道也。道也者，大矣哉！果何物也？曰：无极而已矣。夫无极真道，自古口口相传，不敢笔之于书，恐匪人得之，必遭天谴。虽然书中藏道，必是喻言，隐母而言子，隐根而言枝，概是借物阐道，张冠李戴是也。余亦不敢明泄，将此真道，微露大概，以作访道之凭证，不至误堕旁门也。真道者，乃生身之初是也。得父之精，母之血，二物交合，精为铅，血为汞。铅投汞，名乾道而成男；汞投铅，名坤道而成女。半月生阳，半月生阴，由此而五脏，由此而六腑，由此周天三百六十五骨节，由此八万四千毫毛孔窍。先天卦气以足，瓜熟蒂落，一个筋斗下地，囫啼一声，先天无极窍破，而元神元气元精从无极而出，分为三家。乾失中阳以落坤，坤变坎；坤失中阴以投乾，乾变离。先天乾坤定位而变成后天，坎离火水未济也。从此后天用事，凡夫之途也。若有仙缘，访求返本还原之真道。这真道，先点无极一窍。此窍儒曰至善，释曰南无，道曰玄关，异名颇多，前篇先已剖明。要用六神会合之功，守定此窍，久守窍开，元神归位。复用九节玄功，名为金丹九转，抽爻换象，扯坎填离，夺天地之正气，吸日月之精华，用文武之火候，修八宝之金丹，日就月将，圣胎渐成。和光混俗，积功累德，三千功满，八百果圆，丹书下诏，脱壳飞升，逍遥物外。天地有坏他无坏，浩劫长存，故曰金刚不坏之体也。不枉出世一场。虽然如此好处，必要真师口传心授，务要立生死不退之心，方可稳当矣。

元始天尊诗曰：

清静妙经本自然，得明真道悟先天。
金丹一服身通圣，随作逍遥阆苑仙。

灵宝天尊诗曰：

清静真言却不多，内中玄妙少人摩。
此身有盏长生酒，请问凡夫喝过么？

降生天尊诗曰：

清静后逢正子时，一轮明月现江湄。
此中真道于斯觅，借问诸君知不知？

妙有圖

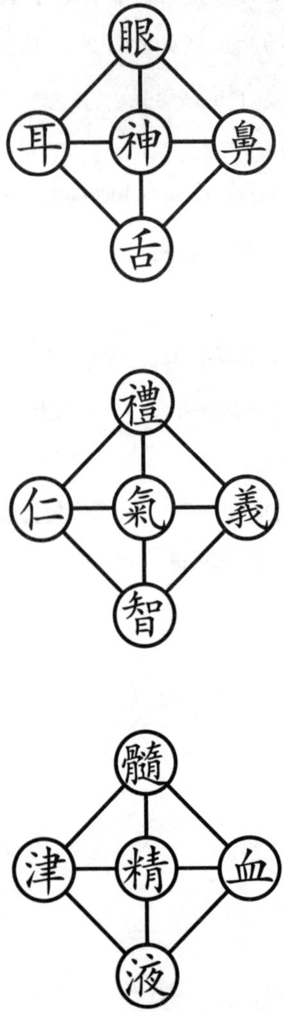

妙有品第十四

虽名得道，实无所得。

☯注：虽是虽然，名是名目，得是得传，道是大道，实者真也，无者虚也。虽名得道者，乃是承上文而言渐入真道也。得受明师真传正授，何者是玄关一窍，何者是六神会合，何者是筑基炼己，何者是采药炼丹，何者是药苗老嫩，何者是去浊留清，何者是汞去投铅，何者是铅来投汞，何者是婴儿姹女，何者是金公黄婆，何者是金木交并，何者是水火既济，何者是法轮常转，何者是阳火阴符，何者是文武烹炼，何者是清静沐浴，何者是灌满乾坤，何者是温养脱胎，何者是七还九转，何者是移炉换鼎，何者是龙吟虎啸，何者是面壁调神，一一领受，方名得道也。虽名得道，实无所得者，何也？夫道所言关窍药物，一切种种，无穷无尽，美名奇宝，一概都是人身自有，并非身外得来，故曰实无所得也。果真是为得者，必是受道之后，苦修苦炼，立定长远之计，铁石之心，千难不改，万难不退，富贵不能淫，贫贱不能移，威武不能屈之志，方可不致半途而废，定要将身外假名利恩爱酒色财气，一刀斩断，速修身中真名利恩爱酒色财气，方为得道。而身外人人皆晓，身内知者鲜矣。听吾将身内说来：身拜金阙，享受天爵，乃为真名；金丹成就，无价贵宝，乃为真利；超度父母，时常亲敬，乃为真恩；坎离相交，金木交并，乃为真爱；玉液琼浆，菩提香胶，乃为真酒；婴儿姹女，常会黄房，乃为真色；七宝瑶池，八宝金丹，乃为真财；氤氲太和，浩然回风，乃为真气。这便是身中之八宝也。舍得外而成得内，舍得假而成得真，外培功，内修果，动度人而静度己，以待日就月将，外功浩大，内果圆明，脱壳飞升，万劫长存，方为得道、成道、了道，大丈夫之能事毕矣。

道心子诗曰：

奉劝世人希圣贤，荣华富贵亦途然。
身中自有长生酒，体内不无养命钱。
色即是空空即色，仙为祖性性为仙。
乾坤听得吾师劝，急早回头上法船。

无心道人诗曰：

世人急早学仙家，不必苦贪酒色花。
去假修真真不假，扫邪悟道道非邪。
烧丹要捉山中乌，炼汞当擒井里蛙。
会得此玄玄妙理，凡夫管许步云霞。

聖道圖

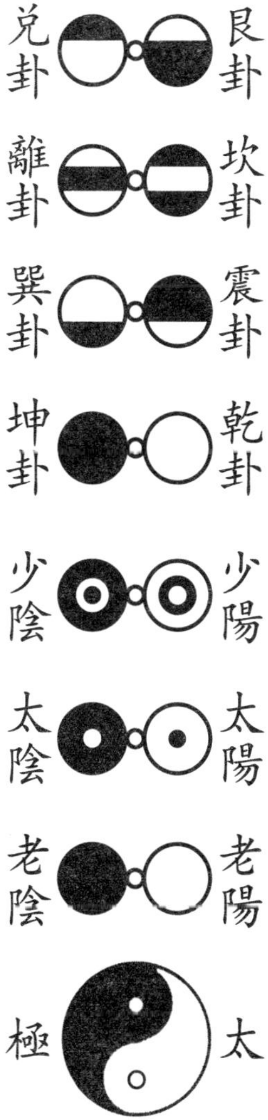

圣道品第十五

为化众生，名为得道。能悟之者，可传圣道。

☯注：为化众生者，为者，专意也；化者，普度也；众者，一概也；生者，男女也，劝化九六众生而回西也。名为得道者，名者，声扬也；为者，助成也；得者，受持也；道者，工夫也。劝化众生修道，功德浩大，自外而得之，故曰：得道也。能悟之者，能是能为，悟是穷究。得了大道，总要穷理尽性，以至于命，勤参苦采，内外加功。可传圣道者，可，是可以；传，是度人；圣，是高真；道，是天机也。功圆果满，领受天命，方可传道。三期普度，道须人传。吕祖曰：人要人度超凡世，龙要龙交出污泥。未领天命，不能传道。儒云：畏天命，畏大人，畏圣人之言。小人不知天命而不畏也。何谓圣道？生身之本也。世人可知生身之本乎？父母交后，怀胎一月，三百六十个时辰，无极以成，其余半月生阳，半月生阴也。又半月无极一动，而生皇极之阳；又半月无极一静，而生皇极之阴，怀胎二月也。又半月皇极一动而生太极之阳，又半月皇极一静而生太极之阴，怀胎三月也。又半月太极一动而生老阳，又半月太极一静而生老阴，怀胎四月也。又半月老阳一动而生太阳，又半月老阴一静而生太阴，怀胎五月也。又半月老阳一静而生少阴，又半月老阴一动而生少阳，怀胎六月也。又半月太阳一动而生乾，又半月太阴一静而生坤，怀胎七月也。又半月太阳一静而生兑，又半月太阴一动而生艮，怀胎八月也。又半月少阴一动而生离，又半月少阳一静而生坎，怀胎九月也。又半月少阴一静而生震，又半月少阳一动而生巽，怀胎十月也。由无极而皇极，由皇极而太极、两仪、四相、八卦、万物、周身三百六十五骨节、八万四千毫毛孔窍，由无极圣道而生之者也。

斗母元君诗曰：

识得生身性自归，无不为兮无不为。
万殊一本退藏密，生圣生凡在此推。

观音古佛诗曰：

可传圣道领慈航，普度群迷炼性光。
能悟先天清静道，金仙不老寿延长。

玄女娘娘诗曰：

圣道可传涌沸涛，渡男渡女渡尘劳。
五行四相全修就，头戴金冠赴九霄。

消長圖

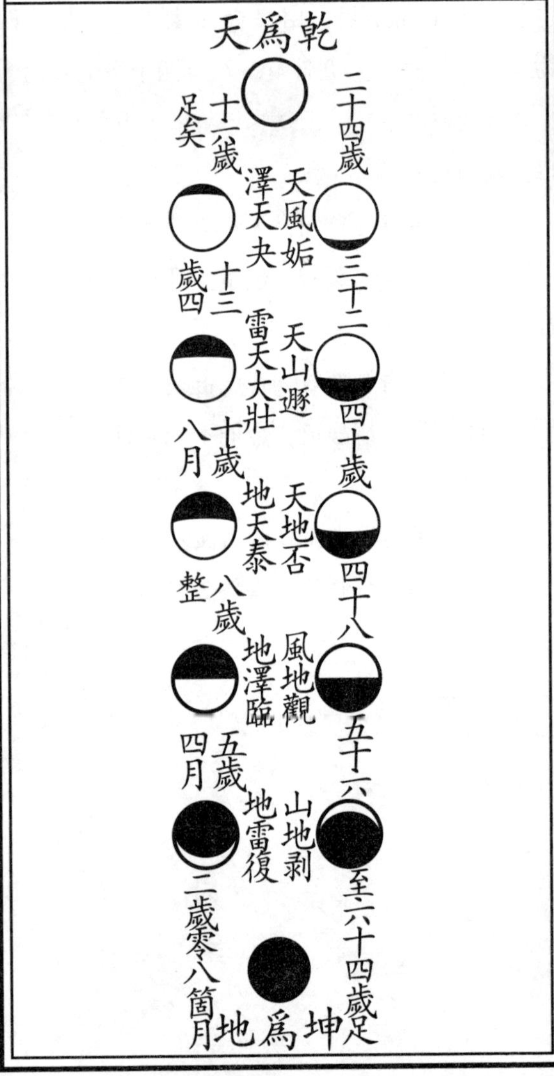
乾爲天
二十四歲
十二歲足矣
天風姤
澤天夬
三十二
十三歲四
天山遯
雷天大壯
四十歲
十歲八月
天地否
地天泰
四十八
八歲整
風地觀
地澤臨
五十六
五歲四月
山地剝
地雷復
至六十四歲足
二歲零八箇月
坤爲地

消长品第十六

太上老君曰：上士无争，下士好争。

☯注：太者大也，上者尊也，老者古也，曰者说也。上士者，文学大德也；下士者，浅学执著也；无争者，函容深厚也；好争者，愤高好胜也。老君说：上士之心即圣人之心，包天裹地，浑然天理，贤愚尽包，和光混俗，自谦自卑，锉锐埋锋，不露圭角，外圆内方，作事循乎天理，出言顺乎人心，何争之有？下士好争者，下士亦是好学之士，无奈根基浅薄，学不到圣人之位，多有愤高执著，偏僻好胜，自是自彰，论是论非，故曰：好争也。上士如进阳，君子道长也。下士如进阴，小人道长也。阴阳消长之理，进退存亡之道，亦不可不知也。人之初生时，身软如绵，坤柔之象也。九百六十日变一爻，初生属坤，至二岁零八月，进一阳，变坤为复；至五岁零四月，进二阳，变复为临；至八岁，进三阳，变临为泰；至十岁零八月，进四阳，变泰为壮；至十三岁零四月，进五阳，变壮为夬；至十六岁，进六阳，变夬为乾。六爻纯阳，上士之位也。此时修炼，立登圣域。以下九十六个月变一爻，此时不修，渐而成下士矣。至二十四岁进一阴，变乾为姤，此时修炼，不远复矣。如若不修，至三十二岁进二阴，变姤为遁，此时修炼，容易成功。如若不修，至四十岁，进三阴，变遁为否，此时修炼，还可进功。如若不修，至四十八岁，进四阴，变否为观，趁此能修，久而可成。倘若再不修，至五十六岁，进五阴，变观为剥，趁此快修，困学可成。再若不修，至六十四岁，进六阴，变剥为坤，纯阴无阳，卦气已足，趁此余阳未尽，若肯修炼，还可阴中返阳，死里逃生。倘若再不修，待至余阳已尽，无常至矣，一口气不来，呜呼哀哉，岂不是大梦一场？奉劝世人，勿论年老年少，总宜急早回头为妙耳，切莫死后方悔，欲修可能行乎？

忍辱仙诗曰：

上士无争是圣功，分明三教其根宗。
太和无碍太和妙，色相莫沾色相空。
一月光横四海外，千江瑞映三才中。
阳满为仙阴满鬼，时人不识此圆融。

浑厚子诗曰：

清静妙经处处融，无争上士如虚空。
但能体用相辉映，乃信乾坤辟混蒙。
万象虚明含满月，一真显露协苍穹。
下争上让阴阳理，圣圣贤贤不一同。

道德圖

上德

聖道

儒	釋	道
忠恕	慈悲	感應
仁義禮智信	殺盜淫妄酒	金木水火土

下德

凡道

道德品第十七

上德不德，下德执德。执著之者，不明道德。

☯注：上德不德者，非是上德之士反不重道德也。而上德为先天，五德俱全。在儒以遵崇仁、义、礼、智、信为德，以忠恕为行；在释以戒除杀、盗、淫、妄、酒为德，以慈悲为行；在道以修炼金、木、水、火、土为德，以感应为行。德行全备，未染后天，以为上德。后天返先天，亦是上德。本来自有，不待外求，故曰：上德不德也。下德执德者，非是下德之士反重其德也。而下德以染后天，五德渐失，非执德之道，难以返先天。何以为执德？知过必改，知罪必悔，戒刑杀以成仁，戒巧取以成义，戒邪淫以成礼，戒酒肉以成智，戒妄语以成信，而仁、义、礼、智、信五德由免强而来，故曰：下德执德也。执着之者，不名道德，何谓也？执为执拗，着为着相。不信阴功，不明道德。见人戒刑杀以放生灵，他言轻人身而重畜物；见人戒盗取以周贫困，他言总空子而填人債；见人戒邪淫以保身体，他言断人欲而无世界；见人戒酒肉以明智德，他言那六畜而系人吃；见人戒妄语以讲信实，他言只要心好，何必忍口。种种执固不通，难以尽叙，故曰：不明道德也。岂不知孔圣人所言仁、义、礼、智、信，李老君治下金、木、水、火、土，释迦佛戒去杀、盗、淫、妄、酒，是何言也。不戒杀则无仁而缺木，在天则岁星不安，在地则东方有灾，在人则肝胆受伤矣；不戒盗则无义而缺金，在天则太白星不安，在地则西方有灾，在人则肺肠受伤矣；不戒邪淫则无礼而缺火，在天则荧惑星不安，在地则南方有灾，在人则心肠受伤矣；不戒酒肉则无智而缺水，在天则辰星不安，在地则北方有灾，在人则肾膀胱受伤矣；不戒妄语则无信而缺土，在天则镇星不安，在地则中央有灾，在人则脾胃受伤矣。哀哉！

天花真人诗曰：

先天上德为纯阳，若肯修行果是强。
五德五元三宝足，何须执德苦劳张。

彩合仙诗曰：

三教原来一理同，何须分别各西东。
三花三宝二皈里，五德五行五戒中。

何仙姑诗曰：

道德真诠品最奇，全凭五戒立根基。
愤高执着回头想，莫等幽冥悔后迟。

妄心圖

妄心品第十八

众生所以不得真道者，为有妄心。

☯注：众生所以不得真道者，天下男女名曰众生，言众性投生下界也。真道乃先天大道，非三万六千旁门之比也。为有妄心者，亡女为之妄。夫人之心，属乎离卦，离为女，又为日，日为心中天子，女本后妃之象，正直无私，光照天下，生化万物，养育群生。亡却女，即亡却真灵。真灵者日也。夫妄心由何而起？因酒色财气、名利恩爱所牵引也。妄想酒以养身，岂不知酒中之害，迷真乱性，人身气脉，与天地同其升降，周流循环，一饮酒，气脉不顺。气脉不顺，则身中之星度错矣，星度错而寿元折也。妄想色以亲身，岂不知色中之害，刮骨摄魂，人身以精而生气，以气而生神，有此三宝，人方长寿。一贪色则精泄，精泄不能生气，气衰不能生神，三宝耗散，而寿元损也。妄想财以肥家，岂不知财中之害，朝思暮想，苦劳千般，把你一点精气神耗散，纵有万金之富，难买无常不叫。一口气不来，赤手空拳，分文难带，罪孽随性，四牲六道，转变无休，深可叹也。妄争闲气以逞光棍，岂不知气中之害，小事不忍，而成大事，或人命官非，牢狱枷锁，倾家败产，妻埋子怨，悔之晚矣。妄想名以荣身，岂不知名中之害，习文以劳其心，习武以劳其形，碌碌一生，纵然官升极品，难买长生不死。为忠臣，为良将，死后为神；为奸党，为逆贼，死堕沉沦矣。妄想恩爱以温身，岂不知恩爱之害，你有银钱衣食，妻则敬，子则孝，你若贫苦，妻必不贤，子必不孝。纵有贤孝者，必被妻恩子爱所累，一口气断，谁是妻，谁是子，所造之罪，自己抵挡，妻子虽亲，亦难替你受其罪也。奉劝世人将此假事一笔勾销，如若不然，妄想神仙，不求大道，不去妄想，焉能成圣可乎？

无垢子诗曰：

去妄存诚儒圣云，荣华富贵似浮云。

岂知贫富前生定，何必碌碌劳骨筋。

无心道人诗曰：

真灵不散名归中，无识无知亦是空。

只去妄心不去道，千金口诀实难逢。

洗尘子诗曰：

洗去尘心学佛仙，无思无虑甚悠然。

不贪酒色和财气，学个长生寿万年。

人神圖

人神品第十九

既有妄心，即惊其神。

☯注：既者成也，有者实也，妄者动也，心者神也，即者定也，惊者触也，其者此也，神者主也。此承上文而言，大凡修道之士，不可起妄念，妄心一动，惊动元神。元神藏心，心神藏目。《圭旨》云：天之神聚于日，人之神聚于目。心为诸神之主帅，眼即众神之先锋。夫人身之神，共有六十四位，以应六十四卦之数也。人在受胎之初，先结无极，从无极而生太极、两仪、四象、八卦、周身百体，由一本而散为万殊，生凡之道也。又从万殊复归六十四卦，又从六十四卦总归十六官，由十六官总归八卦，由八卦总归四象，由四象总归两仪，由两仪而归太极、无极，由万殊而复归一本，生圣之道也。不知修道之士可晓一本乎？倘若不知，积德感天，明师相遇，指示一本大道。每日守定一本，不使元神迁移万殊，有何妄心而惊神也？神不惊，则六十四位人神，混合元神，而元神得众神之混合，其光必大，其神必旺。神旺则性灵，而神仙之道毕矣。再得九转玄功炼成阳神，名为大罗金仙。再得外功培补，升为大罗天仙矣。夫一本九转，须待师传，而身中一十六官，略露春光可矣。心为君主之官，神明出焉；眼为监察之官，诸色视焉；口为出纳之官，言语出焉；耳为采听之官，众音闻焉；鼻为审辨之官，香臭识焉；肝为将军之官，谋虑出焉；肺为相传之官，治节出焉；脾为谏议之官，周知出焉；肾为作强之官，技巧出焉；胆为中正之官，决断出焉；胃为仓廪之官，五味出焉；脾为臣使之官，喜乐出焉；小肠为受盛之官，化物出焉；大肠为传导之官，变化出焉；膀胱为州都之官，津液出焉；三焦为决渎之官，水道出焉。此十六官，为身中统帅之神也。十六官之中，惟心一神，乃身中之主，封眼耳鼻舌为四相，其余次之，勿论千神万神，皆听天君之命也。

白祖仙师诗曰：

堕落红尘不记年，皆因妄念迷青天。
若非师指归元始，那得凡身做上仙。
十恶断时三业净，六根空处五行全。
老君金口明明示，万劫千秋永正传。

文昌帝君诗曰：

妄念惊神散万方，魂归地府失真阳。
寒冰恶浪层层陷，剑树刀山处处伤。
一念回春修道力，三田气秀得丹香。
劝君急早归清静，不枉人间闹一场。

萬物圖

万物品第二十

既惊其神，即着万物。

☯注：既者事过也，惊者不安也，神者元神也，即者就此也，着者执固也，万者包罗也，物者各体也。夫人有妄心，则元神随识神而牵引，不是想着天上万物，便是想着地下万物；不是想着世上万物，就是想着人身万物。而天上万物，不过日、月、星、辰、风、云、雷、雨八字以包其余也；地下万物，不过山、川、草、木、五行四生八字以包其余也；世上万物，不过名、利、恩、爱、酒、色、财、气八字以包其余也；人身万物，不过五行八卦、地、水、风、火八字以包其余也。天之万物、地之万物、人之万物，总归先天八卦之所生化者也。夫先天八卦，对待之理，乾南坤北，离东坎西，四正之位也。震东北，巽西南，艮西北，兑东南，四隅之位也。此谓卦之相对也。乾之三爻阳，而对坤之三爻阴，名曰天地定位也。震之下一阳，中上二阴，而对巽之下一阴，中上二阳，名曰雷风相搏也。坎之内一阳外二阴，而对离之内一阴外二阳，名曰水火不相射也。艮之上一阳中下二阴，而对兑之上一阴中下二阳，名曰山泽通气也。此谓爻之相对也。卦爻相对，乃先天，而天弗违，成圣之道也。从鸿蒙分判之后，乾之中爻阳去交坤之中爻阴，变坤为坎；坤之中爻阴来交乾之中阳，变乾为离；坎之上爻阴，去交离之上爻阳，变离为震；离之下爻阳，来交坎之下爻阴，变坎为兑；震之中上二阴，去交巽之中上二阳，变巽为坤；巽之上爻阳下爻阴，来交震之上爻阴下爻阳，变震为艮；艮之上爻阳下爻阴，去交兑之上爻阴下爻阳，变兑为巽；兑之中下二阳，来交艮之中下二阴，变艮为乾矣。故离南坎北，震东兑西，乾居西北，巽居东南，艮居东北，坤居西南，先天变为后天。后天者，流行之气，故后天而奉天时，延命之术也。所以不知先天无为之道，后天有为之术，故不能成仙者此也。

康节夫子诗曰：

万物原来在一身，天文地理亦同亲。
凡夫不究源头理，性入幽冥骨葬尘。

程夫子诗曰：

世人找得先天初，返本还原一太虚。
妄念不生归太极，雷鸣海底现鳌鱼。

子思夫子诗曰：

不生妄念不惊神，焉能著物昧天真。
劝君急访灵明窍，养性存心学圣人。

貪求圖

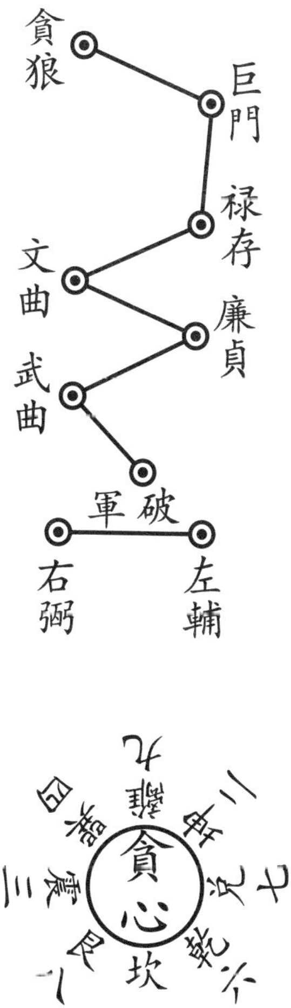

贪求品第二十一

既着万物，即生贪求。

☯注：既是既已，着为着相，万是万般，物为事物，即是即要，生为生心，贪是贪妄，求为苟求。这乃承上而言也。夫人心一着万物牵引，便随万物起贪心。贪心一起，必想去求，此是人欲之心，便属后天八卦所管。人之贪欲，世人难免，唯有仙根佛种灵性不昧，以富贵如浮云，以酒色似钢刀，将后天返为先天，此为上等之人，千万之中而选一也。其有中下之辈，便系后天八卦所拘束，不能从后天而返先天，从洛书以返河图者也。夫贪心，乃北斗第一星，名号贪狼，犹如狼虎一般。修仙之士，若不去此一星，则大道难成也。何矣？后天洛书，二四六八十属阴，既属阴，便生贪求。地六属癸水，为交感之精，其性爱贪求美色；地二属丁火，为思虑之神，其性爱贪求荣贵；地八属乙木，为气质之性，其性爱贪求富豪；地四属辛金，为无情，其性爱贪求酒肉；地十属己土，为私意之神，其性爱贪求高大。此为后天五魔，以消身中之五行也。第一贪淫以伤精，则水亏也；第二贪财以伤性，则木亏也；第三贪贵以伤神，则火亏也；第四贪杀以伤情，则金亏也；第五贪胜以伤气，则土亏也。五行一亏，其身焉可立乎？奉劝天下男女，切莫进此五魔之阵，以后天而返先天。将坎中一阳返回离卦中爻，变离为乾；将离中一阴返回坎卦中爻，变坎为坤；将震上一阴返回兑卦之爻，变兑为坎；将兑下一阳返回震卦上爻，变震为离；将乾上中二阳返回坤卦上中爻，变坤为巽；将坤中下二阴返回乾卦中下二爻，变乾为艮；将艮上阳下阴返回巽卦上下二爻，变巽为兑；将巽上阳下阴返回艮卦上下二爻，变艮为震。抽换爻象，后天返为先天矣，五魔化为五元，洛书返为河图，可为天下之奇人也。

紫微大帝诗曰：

太上老君妙道玄，尊经一部即真传。
三花三宝本元炁，五贼五魔属后天。
换象抽爻息火性，安炉立鼎炼金丹。
不贪不妄随时过，一日清闲一日仙。

斗口夫子诗曰：

先天变后后先天，圣圣凡凡不一般。
富贵荣华如电灼，妻恩子爱似硝燃。
不贪自有命为主，守道何无神助缘。
一性不迷尘境灭，空中现出月轮圆。

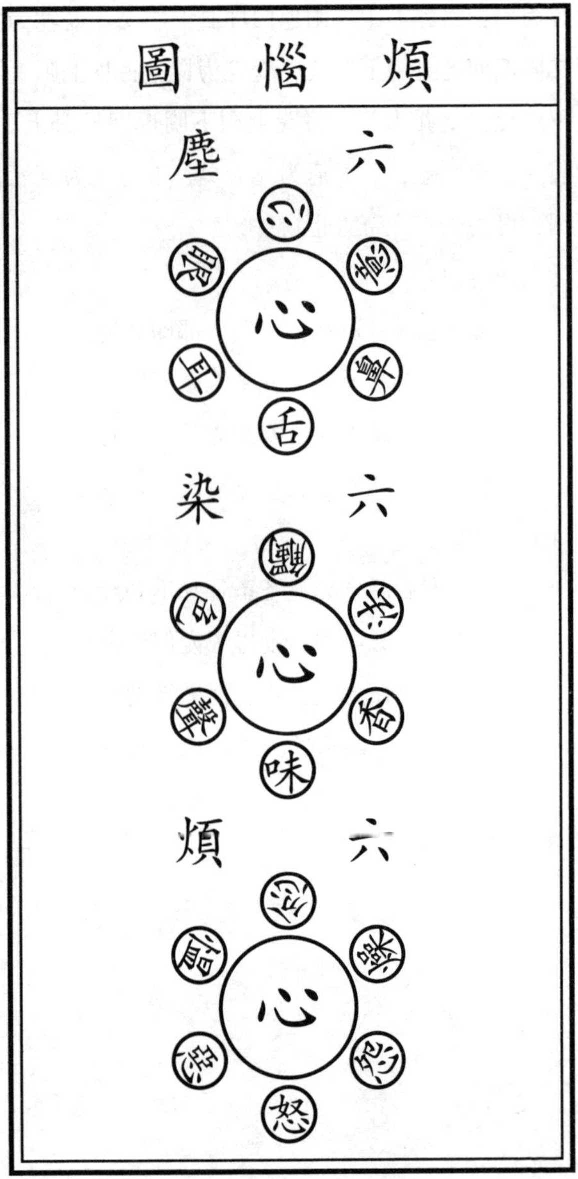
煩惱圖
六塵
心
舌
六染
心
味
六煩
心
怒

烦恼品第二十二

既生贪求，即是烦恼。烦恼妄想，忧苦身心。

☯注：既生贪求者，即为业已，生是动心，贪为好胜，求是苦心也。即是烦恼者，即为便是，是乃如此，烦为心燥，恼是嗔恨也。烦恼妄想者，烦为事繁，恼是有气，妄为痴心，想是思虑也。忧苦身心者，忧为愁虑，苦是劳勤，身为形体，心是君主也。因世人不能看破名、利、恩、爱、酒、色、财、气，所以即被六尘、六贼之所染也。贪求荣贵者，不得荣贵而生烦恼，已得荣贵，又从荣贵中生出许多烦恼也。不如看破“名”字，诚心修道，道成之日，名扬天下，以成万古之名也。何等贵哉！《道德经》曰：虽有拱璧，以先驷马，不如坐进此道。至圣曰：富与贵，是人之所欲也。不以其道得之，不处也。贪求财利者，不得财利而生烦恼，已得财利，又从财利中生出许多烦恼也。不如看破“利”字，诚心修道，而身中之精气神三宝，乃为法财，能买性命，益寿延年，何有烦恼之生也？至圣曰：富贵于我如浮云。《中庸》曰：素贫贱，行乎贫贱。孟子曰：贫贱不能移。又曰：君子忧道不忧贫。贪求美色者，不得美色而生烦恼，已得美色，必有恩爱，又从恩爱中生出许多烦恼也。不如看破“色”字，诚心修道，自己身中现有婴儿姹女，每日常近常亲，坎离相交，金木相并，多少滋味，难以言传，异日道成，仙女同俦，何等尊重。至圣曰：血气未定，戒之在色。吕祖曰：二八佳人体似酥，腰间仗剑斩愚夫。虽然不见人头落，暗地教君骨髓枯。至于斗气，乃是不忍，从是非中生出许多烦恼也。不如看破“气”字，诚心修道，而养身中三花五气、浩然刚气、太和元气，结成金丹，纵有烦恼，化为乌有矣。至圣曰：血气方刚，戒之在斗。又曰：持其志，无暴其气。至于一切不如意处，便生烦恼，我以一空字，以虚其心，焉受烦恼之灾乎？

紫阳真人诗曰：

勿贪酒色勿贪钱，富贵穷通总随缘。
色即是空空即色，烟生于火火生烟。
醍醐灌顶却烦恼，取坎填离扫欲牵。
一念归中尘境灭，养颗明珠似月圆。

丘祖诗曰：

不贪名利不贪花，每日终朝卧彩霞。
肚饥猿猴献桃果，口干龙女送蒙茶。
胜如汉口三千户，赛过京都百万家。
奉劝世人早醒悟，扫开烦恼炼黄芽。

生死圖

河圖生

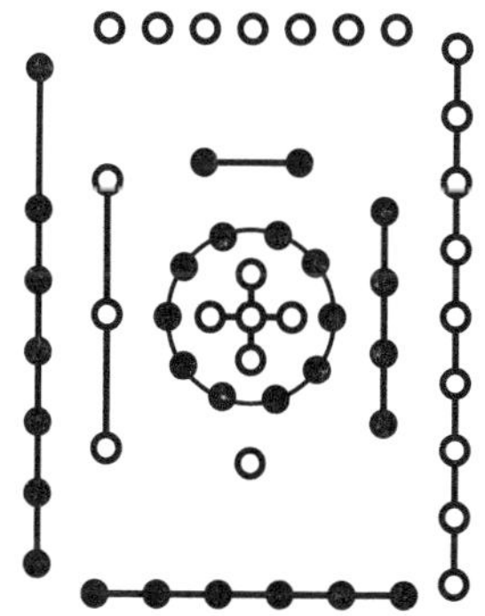

洛書死

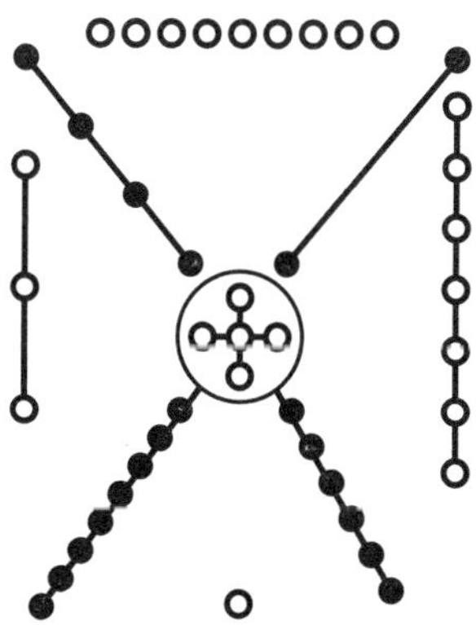

生死品第二十三

便遭浊辱，流浪生死。常沉苦海，永失真道。

注：便者定要也，遭者逢临也，浊者下贱也，辱者欺凌也。便遭浊辱者，是言人生在世，贪心不了，名利恩爱之中，便是烦恼忧愁，种种波涛，但失陷处，必受五浊之辱也。流者沉下也，浪者事叠也，生者河图也，死者洛书也。流浪生死者，言人在世，迷于酒色财气，不知生从何来，死从何去。夫生仙生人之道者，河图而已矣。人生之初，秉父母之元气，而结一颗明珠，名曰无极，得父母之精血，名曰太极。天一生壬水，在上生左眼瞳人，在下而生膀胱；地二生丁火，在上生右眼角，在下而生心；天三生甲木，在上生左眼黑珠，在下而生胆；地四生辛金，在上生右眼白珠，在下而生肺；天五生戊土，在上生左眼眼皮，在下而生胃；地六成癸水，在上生右眼瞳人，在下而生肾；天七成丙火，在上生左眼角，在下而生小肠；地八成乙木，在上生右眼黑珠，在下而生肝；天九成庚金，在上生左眼白珠，在下而生大肠；地十成己土，在上生右眼皮，在下而生脾。由此而五脏，由此而六腑，以至周身三百六十五骨节，八万四仟毫毛孔窍，莫不由河图而生之也。生凡如此，生圣亦如此也。夫人死由，洛书而已矣。从先天之河图以变后天之洛书，又从洛书中央土去克北方水，则肾亏矣；北方水去克南方火，则心亏矣；南方火去克西方金，则肺亏矣；西方金去克东方木，则肝亏矣；东方木去克中央土，则脾亏

矣。五脏一亏，以至六腑百体俱皆衰矣，不死有何待哉？此死彼生，如波浪一般，故曰：流浪生死也。常沉苦海者，言酒色财气，为四大苦海，若不扫除，焉能不沉苦海者哉？永失真道者，因迷昧四字，常沉苦海，连人身难保，何能言道？岂不永失真道矣，深可叹哉！

长生大帝诗曰：

识破河图早下功，还原返本一真宗。
但能闯出洛书网，寿比南山一样同。

薛道光诗曰：

苦劝人修不肯修，常沉苦海为何由。
百年富贵电光灼，口气不来万事休。

翠虚真人诗曰：

老君清静度人经，指出身中日月星。
生死死生由自主，佛仙仙佛在心灵。

超脫圖

超脱品第二十四

真常之道，悟者自得。得悟道者，常清静矣。

☯注：真者落实也，常者中庸也，之者行持也，道者无极也。真常之者，所言先天大道，乃为真道，三千六百旁门，乃为假道。真道者，正心修身之道也；假道者，索隐行怪之道也。悟者穷究也，自者定然也，得者领受也。悟者自得者，人能穷究性命，访拜至人，指示修性修命之大道，返本还原之秘诀，方是悟者自得也。非是教你在纸上穷悟，可能得乎？古云：达摩西来一字无，全凭心意用工夫。若要书中寻佛法，笔尖蘸干洞庭湖。《悟真篇》曰：任君聪慧过颜闵，不遇明师莫强猜。正此之谓也。得悟道者，是善人积功累行，感动天心，明师相遇，低心求领大道，时常参悟其理，昼夜苦修其道，不可半途而废，只待功果圆成，丹书下诏，脱壳飞升，方为了当。这才是：访道、求道、得道、悟道、修道、守道、成道、了道。有此八个道字，大丈夫之能事毕矣。常清静者，常为永远，清为圆明，静为安宁也。言道成德备，功圆果满，阳神冲举，三官保奏，仙童接引，过九霄，上玉京，见诸佛，谒上帝，会众祖，朝金母。照功之大小，以定品级；依果之圆缺，而封天爵。仙衣绶带，以荣其身；玉果琼浆，以滋其腹。三乘九品，依功而定；五仙八部，看果而赠。或居中天，或居西天，皆是极乐；或居三十六天，或居七十二地，尽为福地；或居三清，或居十地，概属清静。高高低低，大大小小，依功定夺，毫无私屈。随缘随分，享受清静之福，岂不美哉！岂不乐哉！不枉为人出世一场，这才是大丈夫，人上之人也。至此，则常清静矣。

元始天尊赞曰：

清静妙经是上乘，修行男女可为凭。

金科玉律相同契，九六乾坤冉冉升。

灵宝天尊赞曰：

急寻清静悟真空，收性回西莫转东。

采药炼丹功果就，超凡脱壳谒苍穹。

降生天尊赞曰：

清静经图最为先，度人宝筏一慈船。

经文点破死生窍，注解掀开井中天。

盖天古佛赞曰：

清静宝经至妙玄，多蒙天一注成全。

有人得会经中理，三教凡夫居宝莲。

清静经原旨

序

夫《清静经》者，乃道教中尽美尽善之第一书也。而以说常命名，岂无意乎？溯自太古洪荒之时，天地初开，人心浑噩，岁月不知，结绳代政，不知何者谓道，何者谓德，故心即是道，而道即是心，则后世之心教寓焉，迨及伏羲氏后，君尚揖让，民兴孝弟，朝野升平，上下观感，以允执厥中为口传心印，则后世之身教寓焉。降至周初，而道德兴焉，礼乐备焉。东迁后，人心不古，而世道凌夷矣。是以老子知时入乱，于归隐时演经常之圣道以化人而救世。大旨欲人尽伦常而悟真，常守有常以脱无常，一片婆心，人天普度，此即为道教之源、说经之始也。嗣后国尚游说，共谋求侵食之智；民肆奢淫，谁肯读道德之书？况经战国兵燹之后、秦火之余，未有不淹没者也。故汉有避谷之说，晋有谈《易》之派。迨至唐宋之际，书符箓者有之，饵金石者有之，种种怪诞，延至如今不息。即或有读《清静》者，亦是谬解狐猜，鲜有达具经中正义者，良可悲夫！今幸蒙汶水居士神传妙笔，语坠天花，字字详疏，言言缕晰，指破圣教之心传，说明《清静》之原旨，伦常为尽性之地，功德为得道之梯，证儒门之天命，通释氏之真空。

若夫动而复静，则道之真机自得；浊尽归清，而道之大体立见。兴四十年之圣道，真如红日当空。推三千门之邪说，庶能磷火皆灭。故明此经者，内以遣欲澄心为功夫，外以真常应物而临事。古人云：在欲不为欲染，居尘不被尘劳。诚所谓了事。凡夫在家，菩萨非圣道圣教而何？或曰：以此言之，则龙虎婴儿姹女之说何归？曰：亦仙道之意，不可执着也。试将此经朗诵一遍，有一字粘连铅汞者乎？迷者能自儆，岂小补之哉？书成之日，命为序。敢献浅近之言，深愿同返太古之风云尔。

时中华民国三年清和上浣敬书于营川悟医者王凤声谨序

太上老君说常清静经

老君曰：大道无形，生育天地。大道无情，运行日月。大道无名，长养万物。吾不知其名，强名曰道。夫道者，有清有浊，有动有静。天清地浊，天动地静。男清女浊，男动女静。降本流末，而生万物。清者浊之源，动者静之基。人能常清静，天地悉皆归。夫人神好清，而心扰之。人心好静，而欲牵之。常能遣其欲而心自静，澄其心而神自清。自然六欲不生，三毒消灭。所以不能者，为心未澄、欲未遣也。能遣之者，内观其心，心无其心，外观其形，形无其形。远观其物，物无其物，三者既悟，惟见于空。观空亦空，空无所空。所空既无，无无亦无。无无既无，湛然常寂。寂无所寂，欲岂能生。欲既不生，即是真静。真常应物，真常得性。常应常静，常清静矣。如此清静，渐入真道。既入真道，名为得道。虽名得道，实无所得。为化众生，名为得道。能悟之者，可传真道。

太上老君曰：上士无争，下士好争。上德不德，下德执德。执著之者，不名道德。众生所以不得真道者，为有妄心。既有妄心，即惊其神。既惊其神，即著万物。既着万物，即生贪求。既生贪求，即是烦恼。烦恼妄想，忧苦身心。便遭浊辱，流浪生死。常沉苦海，永失真道。真常之道，悟者自得。得悟道者，常清静矣。

汶水居士注释

老君曰：大道无形，

道祖言说大道，正大光明之道，非区区小术旁门。或问果何样式？曰无形无象，毫无朕兆。

讲：夫大道者，无所不包，无所不注，运行六虚，体物不遗，即天地之大，莫不由道而生焉，何况人与万物乎？然人既知由道而生，必须体道而行。天行其道，元亨利贞，人行其道，仁义礼智。其元亨利贞者，观之无形，四时有序。仁义礼智者，见之无象，能应万事。虽曰无形，斯昭著矣。欲明大道，默而细揣，思过半矣。顺斯道者祥，背斯道者殃。然人谁不乐祥而避殃？苦于不得其门而入，专以私意窥度，难乎免于不走旁门，欲就其祥，而反致其殃，良可叹也。究其所以，人在声色之中，多为声色所惑。今见斯经，当体大道无形，能生万有，如是考察惺悟，而道可明矣。

生育天地。

以天地之大而昭明其道之深远，无边无尽无已也。

讲：其天地由道而生，及生之后，犹赖道以育之，而人亦然也。足见道不可离，何可自背而他寻哉！故儒书曰，道不远人，人之为道而远人。今人不知道是何物，竟致扑风捉影，或搬运吐纳，或枯坐顽空，尚奇好怪，等等难云。不但与性命无益，而且伤身之处良多。然学者若欲辨明邪正，容易分晓，但问己心所存，自身所作，与三纲五常，五伦八德，那件可曾实行，便知自家邪正，道之真伪，吾此数语，可作照妖镜矣。不但照己，颇可照人。今注此经，专为破邪显正，去人迷惑妄想。若有谤此注之谬者，定是左道邪人。注者私己误人，必遭上天罚谴。是恐学人被误，故立此言。夫太上立言，大道无形，生育天地者，正欲启人觉悟，顿见真如，扫尽群邪，如烈日当空，磷火皆灭，若有会悟者，洞见玄机。

大道无情，

乃无亲疏远近，彼此厚薄，搬运作为也。

讲：情者人之欲也。欲有所之，即非大道。欲明大道，自审有欲无欲，便识道矣。

运行日月。

运转流行日月者，是道之所使也，非日月自行也，而道亦不自知。能运日月，实出自然。

讲：其日月之行，由道所使，而道不自知。然人之动止亦然，而人亦不自知也。设若知之动止是谁，即明真道，方可行道。天行其道，元亨利贞，使万物各得其所。人行其道，仁义礼智，应万事各适其宜，岂鬼鬼祟祟私己之道乎？惟仁义礼智，乃古今经常之道，万代不易真理，而今人以为卑近，不足为道，返求高远，遂致邪道丛生，正道淹没。盖正道者，君子行之易，小人行之难，而正道不行于世者，可知矣。诚能行此正道，不偏不倚，竟致中和，天地位，万物育，岂专运日月乎？

大道无名，

是无名可称，无名可状。

讲：凡有情形，皆可起名，既无情形，名从何起，故曰无名，牵强曰道，而名尚难立，其色相非道可知矣。大凡丹经所立名色，及龙虎婴姹、铅汞水火、乾坤坎离、乌兔鼎炉、采药烧丹，种种别名，无非象言，以发其道之运用耳。实无其象，实有其义，明道者一目了然，不明者茫然大海。切嘱读丹经者，不可执象泥文，亦非作丹经者，好事多言，以乱后学之心，实系欲吐其道，难立其言，为不得已，以借象言，虽千经万典，亦难尽意。总而言之，能谈万有，难述一无。故大道之证，无形、无情、无名，可知也。夫立丹经、经书者专为后学悟道得诀之士，以作心心相印耳。若问口诀果是怎的，吾曰怎的也不怎的，眼前看把，圆陀陀光烁烁，赤洒洒活泼泼，又名玄关，又曰天机，能悟之者，言下见性，知机者了然于心，不能悟者，吾亦欲告之，其奈言之不出，怎么说怎么不是，不说才是，尔又不知，奈何？吾告尔之捷径，济人利物，大公无私，博学好问，寡欲清心，久久行之，自有明心见性之时，而亦知实难名状矣。

长养万物。

生长养育，飞潜动植之物，足显道之全能。

讲：夫世界之最大者，莫如天地，最明者，莫如日月，最多者，莫如万物。如是之大，之明，之多，孰能生长运行？惟其道也。或问如是之能，果何形状？吾曰容易知之。观天下之万物，则见其道之形情名色耳。然不可以此形情名色以为道，须知是道之能力显化也。欲寻此道么，丹经口诀有云：一心象外觅，休向世间求。

吾不知其名，强名曰道。

道祖自云，道原无名，亦难起名，故不知名，而名者实出勉强。

讲：夫道之立名曰道者，始自道祖，而道祖之先，凡学道者，曰学混沌耳。及知道之不可名道，而道可明矣。

夫道者，

盖其道之所以者，果何朕兆耶？

讲：前言道之能力，此以下言道之形容。

有清有浊，

清者阳也，浊者阴也；清者轻也，浊者重也；清者虚也，浊者实也。清者居高，浊者居卑；至清无象，至浊有形，各出自然，非假作做。

讲：夫道，欲求诸有，察清浊之理，而道可见矣。然清浊者各有不同，有清中之清，有浊中之浊，有浊中之清，有清中之浊，莫不各得其所，莫不各出自然。其清者多明，浊者多暗，清者在上，浊者在下，清者流通，浊者滞碍，清者长生，浊者无常，人识此机，定为上士。既为上士，贵清贱浊。既知贵贱，弃浊留清。如何弃留？体诸身心，身体为浊，良心为清，宁损其身，莫损其心。留心常著，留身难存。去难就易，得其自然。盖人不明道者，实因未识清浊之理，而贵浊贱清也。何以见之？而人全以此浊阴之身体为贵，而贱其清阳之良心，愚之甚矣。然良者天赋之良能，心者天赋之良知，此二者，同出一理，设知此良心为贵，定不为身体所累也。然人之好货财、快体肤者，是以身为贵也。杀身成仁、轻财尚义者，是以良心为贵也。如此比较，清浊既明，道可征矣。

有动有静。

动者阳也，静者阴也，动静者行止也。

讲：前言清浊彰道之象，此言动静显道之行。清浊动静，斯道备矣。何不悟之？何不知之？静则养阴，阴极阳生。阳生必动，动极则散。未散之先，名为至宝。知时采取，致之玉壶，此系仙家以术延命之工。而修士有知者，未尽其妙，或有用意领会者，或有下手采取者，等等不一，似是而非。岂不知丹经有云，若能笔之有书，皆非真诀也。若非口口相传，心心相印，焉能授受性命之真工也？凡能指出方所，说出运用，皆系仙佛指人，擒兔之蹄，治鱼之筌，若得鱼兔，何用筌蹄？如彼之论，如此之解，似乎自相矛盾，非也。吾恐后学之人，以筌蹄而作鱼兔耳。其筌蹄者，法也，其鱼兔者，道也。欲得此真道，必先淡七情轻六欲，而情欲渐减，真道渐增，情欲减净，真道全彰。设学人留心，由此增减之句，亦可悟斯道矣。盖道者，即是先天一点真阳，亦名真铅。盖此真铅原自外来，故丹经曰，青年郎君来投宿，缺少了二八佳人巧铺床。此正言汞由内生，铅从外至，阴无阳不立，阳无阴不留，欲凝其道，不可缺阴少阳。又曰一阴一阳之谓道，又曰离了阴阳道不成，又曰内外二药，又曰内八两外半斤，而今人不识其中真义，专以象求，支离过甚，误己误人。吾不忍，力辟其弊，有则改之，无则加勉。然真道者，岂离动静乎？夫动静者，不可专察身心，亦不可舍身心，而逐外求。察乎天地，体诸身心，洋洋万籁，皆系活泼动静之天机也。故丹经云，天人合发，采药归炉，斯可证矣。凡丹经之指，亦以义言，后学者不可执象泥文，其意义真实之理皆在文词之外，若着文词，不会其意，老死无成。或曰，仙佛既有慈心度人，何不明言？何必以此意在意外，言在意内，等等妄诞之文惑人耶？吾曰，不然。道本无形，能生万有。既生万有，道失本来。虽失本来，犹存真道。故以象言其义，方得演其真诠。导以有中识无，莫以无中求有。道本难言，只言其义。设得言外识义之时，即知仙佛立言婆心，自不疑吾言之妄诞也。噫，与我谈心者，有几人哉！

天清地浊，天动地静。

天地清浊动静，其阴阳造化之德征矣。

讲：夫万象中之最大者，莫知天地。故以天地之大，而验清浊动静之理，其余万物，各有清浊动静，不详亦可知矣。盖此经立言，源流不竭，而注者亦不敢间断。然天地清浊之体，无所不包，运行不息，四时有序，万物生焉，而万物之浊体，须赖浊厚之地以载之。然万物虽浊，莫不各含清虚真阳之炁，其真阳之炁，仍合于天。故曰同声相应，同气相求。清无浊不显，浊无清不灵。

清者善动而施之，浊者善静而受之。一施一受，造化乃成。其机如此，不亦道乎？经曰，观天之道，执天之行，尽矣。

男清女浊，男动女静。

男女清浊，动静之理，亦本道之自然而出，着细察之，道可见矣。

讲：夫大道之微，杳然不见，大道之显，宇宙难容，故先以天地之清浊动静昭之，后以男女之清浊动静明之。然清浊动静者，实出阴阳之正理。清者阳之德，浊者阴之情，动者阳之情，静者阴之德。其清阳之德，为浊阴之情所累，其静阴之德，为动阳之情所牵，是以顺施顺化，流而不返，愈流愈繁，愈繁愈乱，乱极则竭，斯人之道也，亦发于天也。若人识其机，用其德，而遏其情，即为逆转枢机，能盗天地之造化矣。故儒书云君子之道造端乎夫妇，及其至也，察乎天地，斯清浊动静之理庶可知矣。

降本流末，而生万物。

降者施也临也，本者清也始也，流者行也受也，末者浊也终也。降其清阳之本，而流行于浊阴之末，简而言之，一施一受。

讲：天施地受，万物生焉，男施女受，婴儿育焉，如斯之巧，非其道而孰能之？因人熟惯不觉，亦不察焉，故不以为道。或曰纵然觉之察之，三才万物皆由道生，可当如之何，其奈我何？吾曰然。然而不知其味也。苟知其味，必有所之，道德涂说，何足为取？所取者识道之机，所贵者知道之体。若能体道，道即我也，我即道也。混然是道，何乐如之！故颜子不改其乐，而乐此也，孔圣乐在其中，亦乐此也，贤圣仙佛，各有其乐，各得其乐。吾之乐若是乎？知我之乐者，其孰欤？又曰，人莫不饮食，鲜能知味也，信不诬也。夫乐此道者，非乐其搬运吐纳、采战妆禅、枯坐顽空、执象泥文、野狐邪说等等之道也，乃乐其天然自得之道也。若非识此降本流末之机，而天道由何而得哉？

清者浊之源，动者静之基。

浊由清而生，清赖浊以成。天一生水，地六成之。静由动立基，动因静而遏止。动极则静，静极则动。阳极生阴，阴极生阳。动静阴阳，返复迁变。

讲：以上十八句，计八十一字，字字珠玑，皆演道之精义，施布长养三才万物之能，以其广大高明深远繁衍之实，以言之，使人得悟其源，而识其真。然而皆系顺行之道，一本散于万殊，由圣而凡也。直至此二句，故露其转机。盖此十字，为一部《清静经》之玄枢也。夫人欲返其本，由凡而圣，必穷其源，返求诸身。然此身纯阴而至浊，死物也。得其生者，为含先天之真阳，亦曰良能，又曰玄关，又曰真铅，又曰先天炁，又曰祖炁，又曰外半斤，又曰外药，又曰天一真水，又曰外来郎君，等等之名，难以枚举。然此真阳虽有良能，毫无知觉，得其觉者，为含先天之真阴，亦曰良知，又曰玄牝，又曰真汞，又曰先天神，又曰谷神，又曰内八两，又曰内药，又曰地二真火，又曰二八佳人，层层名号难以胜数。然此真阴真阳者，观此图可会其意。

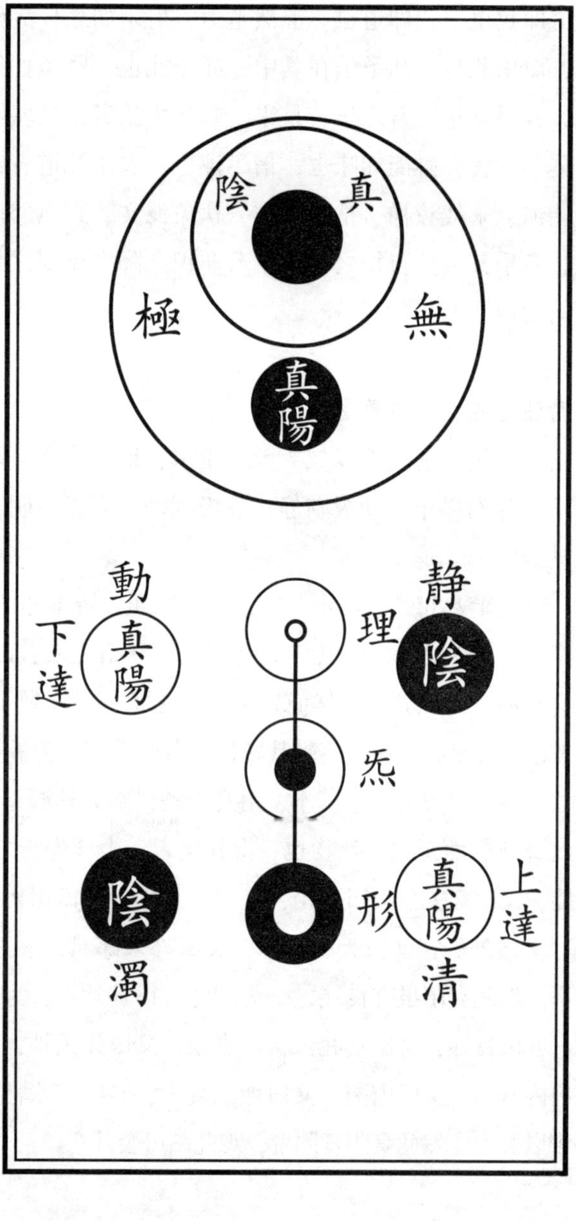
真陰
無極
真陽
静
動
理
陰
下達
真陽
炁
形
陰
真陽
上達
濁
清

其真阴好静，为动阳所扰，随动阳而化浊阴。其真阳好清，为浊阴所牵，随浊阴而成动阳。阳动极则散，阴浊极则死。观其阴阳动静死散之机，则身心家国，天下之理尽矣。盖死散者，皆不用其德，而专用其情耳。情尽则乖，乖极则乱，乱极不死散而何？而后学之君子，有身心家国天下之责者，可不慎欤！纵无家国，孰无身心，何可致之于死散也哉！夫德者，非俗人所称之德也，即阴阳之至德也。其阴阳之至德，即阳之清阴之静也。其阳之动阴之浊，是阴阳之情可知矣。夫用其情者凡，用其德者圣。其清者浊之源，由圣而凡也，动者静之基，由凡而圣也。凡圣交参其机如此，而机之动者，由清而来可采，由浊而生莫用。机动于浊，因情所感，形与体交则生人。机动于清者，由天而来，炁与理交则成圣，而理寓于炁中，而炁寓于形中。故形因炁能活动，而炁因理能知觉，而理者即虚灵也。盖此虚灵之知觉，惟觉其形，而不知还有我之天理真炁也。于是贪声色好货利，骄奢淫佚，快其体肤，妄耗真炁，渐亏天理，而天理愈亏，真炁愈耗，而真炁愈耗，天理愈亏，两相互伤，愈伤愈甚。理伤犹存其知，名曰识神。炁伤伤尽则无，炁果伤尽，神无所依，无依则离，离身则死。死之后名曰阴灵，宜然犹恋世之声色货利，亦许因业缘而脱化，亦许因孽累而沉沦。此皆因能动浊，不能清静者，故有是果也。

人能常清静，天地悉皆归。

人者，指大地之贵贱贤愚等等之人也。能者，果能如是也。常者，真常平常不异也。清者天之精，静者地之粹，天者天之理，地者地之义，悉者两相照也，皆者毫无遗漏也，归者归成一体也。

讲：大凡天下之人，不论贤愚贵贱，皆可与天地合其德，归成一体也。而不能合其德者，为其不能常清静耳。然此常清静者，务由常字着眼。此悉皆归者，务由悉字着眼。悉者两相洞照，实由真常不昧也。然不昧真常者，实因知天地氤氲精粹之理炁也。既知之，必体之，体体相因，非归而何？夫此归者，非是作做，乃系同类相得，因我知天，天方知我，因我体天，天方体我，两相不背，故曰和合。故经曰，水就湿，火就燥，亦此义也。然天地悉皆归者，惟归其清静。有其清静，惟因有常，而常与不常，在人之能与不能也。夫常者，日用伦常也，平常也，庸常也，真常也。平常不可务高，庸常不可尚异。伦常乃真常之用，真常乃伦常之体。此体者真而不伪，常而不改，永世昭昭之天理也。此用者五常五伦也。五常仁义礼智信也。仁者心之德也，义者理之公也，礼者节之文也，智者明不惑也，信者诚不欺也。苟以仁义礼知诚信于天下，则万事万物莫不各得其宜，而身不修、家不齐、国不治者，未之有也。设如天时未到，圣道不与，颠倒是非，以邪为正，其五常之真理，不能公行于天下，则又当以五伦之分，而各尽其职。其五伦者，君臣父子兄弟夫妇朋友也。君不仁，臣不可不忠；父不慈，子不可不孝；夫不肖，妻不可不贤；兄不友，弟不可不恭；朋友不信，我莫敷之不规。夫臣不忠，子不孝，妻不贤，必三纲以振之，由上而临下也。犹须以用其宜，方为以尽君父夫，仁慈倡领之责也。而弟友不归三纲所统者，为其平等耳。而弟不恭，兄不可不友。其朋友只有劝善规过之责，倘若规无可规，劝无可劝，则有弃止之时。而兄弟之友爱者，不可问也。夫以上所论者，皆天理之条目，以尽各职，而应万物，莫不各有当然。既知当然，烦恼何生？障碍何来？烦恼障碍尽灭，而清静不欲生，而自生焉。然清静一生，是谓之中，而天地之理炁，与我之理炁，混然合一，则天然之真道证矣。故儒书曰，喜怒哀乐之未发谓之中，天地位焉。夫圣贤仙佛，亦未尝无喜怒之时也。然其喜者，莫不关于天下得宜，然其怒者，莫不关于天下有益。夫如是之喜怒，未伤其和，与俗子私念成败之喜怒，相悬霄壤矣。故儒书曰，发而皆中节谓之和，万物育焉，同一意也。而学者何不辨哉！欲行其道，先尽伦常。然伦常者，实天理之条目次序也。次序不紊，天理昭著，而浩然之炁，塞于宇宙之间，非道而何？故曰道也者，不可须臾离也，而可知不离日月之伦常矣。若反伦常，清静何生？伦常之外，丹无道矣。其孰见不忠不孝之神仙？其孰称念填嫉妒之圣贤？而忠臣孝子、烈女节妇，青史黄卷，历历可考。吾之言岂妄也哉！为今多事之秋，人心思乱，尚奇好异，邪道丛生，妖言日炽，煽惑愚人，敛钱财华美妻子，聚众人位自尊荣，一味欺心害理，借真招牌卖假货物，若是之徒岂一二哉！吾为世界哭，吾为愚人哭，识吾之哭者，必不受其惑。今观世道之惨，故不避左道之嫌，力辟其罟人之网，而受渔者，得脱牢笼矣。

夫人神好清，而心扰之。

神者人神也，清者清阳也，心者妄心也，扰者搅扰也。此清阳者，乃神之源也。好清者，是好而未得也。可知已失本来而未绝本来，正系元神识神两可之际，而妄心又为扰之，则将入清而又浊矣。

讲：夫人神者，非人之元神，亦非人之识神。若言人之元神，何必加一好字？若言人之识神，何必责心之所扰也。而可知人神即是人神，不可牵强以作元神识神谬解，而失道祖立言之本意也。然人神者，在凡圣之际，人心者，在善恶之间，而神受心之扰，不得清者，非善心可知矣。苟发本然之善，而神自清矣。

人心好静，而欲牵之。

人之心好静，未得其静者，为欲牵连耳。心有三心，欲有六欲。三心者，过去、未来、现在也。六欲者，色、声、香、味、触、法也。

讲：夫人之心神欲三者，同出而异名，只可清浊动静、善恶邪正之分。然神之所用者为心，心之所之者为欲。斯三者，由一炁统之，而神之清者炁抱于神，神之所用者，而炁注于心。心之所之者，而炁散于欲。欲于色者，其炁由眼而耗之，欲于声由耳耗之，欲于香由鼻耗之，欲于味由舌耗之，欲于触由身耗之，欲于法由意耗之。然耗炁之处，岂此数端而已哉！

夫心生炁散，心泯炁回，其心之好静者，系灵明未昧也，欲之所牵者，为物所累也。

常能遣其欲而心自静，

常能勉其力，遣去六欲，而人心自然安静，由勉强而逮自然矣。

讲：盖欲遣其欲者，无别法也，惟其理可能遣之。然其理者，为伦常万善之主脑也。夫人不能遣其欲者，为其背理反常耳。吾未见抱天理，而夹人欲者，吾未见人欲净，而心不静者。然欲尽净，则天理纯全，天理全则大道成矣。夫人之不能成道者有三，一不信天也，二不识己也，三不识其当也。然诚其当则炁不散，识其己则心不惑，信其天则自不欺。不欺则明，不惑则智，诚其当则正炁凝，凝而不散，明而不昧，则体用备矣。其体用之备，犹赖不惑。不惑之因出于识己，识己者得诀矣。其诀者难言也。为其难言，真道失传。惟恐失传，勉强立言。三教经书，未尽其义。然尽其义者，始知三教经书，章章藏道，句句含诀，其道诀之含藏者，非著经书之特意含藏也，系后学人之天真自含藏也。欲返天真，先遣其欲。欲遣其欲，先尽伦常。伦常无亏，欲自不生。其欲不生，而心自静。心静知机，是谓真常。真常者天真也。天真独露，昭昭自觉，常觉不昏，是名得道，又曰得诀。

澄其心而神自清。

澄者沉也，心者人心也，神者人神也，自者自然也，清者清虚也。夫心不沸腾，神得清虚，而炁自舒畅矣。

讲：盖澄心遣欲，则心静神清。其静者阴之德也，其精者阳之德也。然阴德由遣欲而得，阳德由静极而生。生而欲动，动则欲施。夫其欲者，欲施于浊。随浊而化，神由何清？清浊之际，专赖于澄。顺生逆用，巧手神功，清浊动静由是而分。能遣其欲者，必本天之理，能澄其心者，必知炁之机。炁归于理，号曰取坎填离。

自然六欲不生，三毒消灭。

自然者不勉强也。六欲者，色声香味触法也。不生者不萌也。三毒者贪嗔痴也。消者化也，灭者尽也。

讲：夫此六欲者，最能蔽其灵明，耗其元炁。其三毒者，更能汩没灵根，竭其真阳。然人欲保守灵根真阳，必须先除三毒六欲。欲除三毒六欲，必先静心清神。欲其静心清神，必先遣欲澄心。欲其遣欲澄心，必先明理尽性。苟能明理，必能遣欲。苟能尽性，必能澄心。其遣欲澄心，尚赖勉强。其心静神清，已出自然。自然而然，毫无牵挂，六欲三毒，由何而生？循环之理，相因而起。以上由而生万物之下句，至此共计十四句，六十三字，皆言道之顺逆、清浊动静之机、凡圣交参之际，先勉强而后自然。

所以不能者，为心未澄、欲未遣也。

不能者，言其心不能静，神不能清。夫未能遣澄者，其弊在不明真理，不识真机也。

讲：夫论修道之端不二，而成功一也。而三教圣人立言，设教各有精义，以顺天时人情而导之。然引导之法，以发性源，各有不同。有顿法，有渐法，有顿中之渐法，有渐中之顿法，有顿中之顿法，有渐中之渐法。盖释教之立言，顿法也；儒教之立言，渐法也；道教之立言，顿中之渐，渐中之顿也。即如此经之言，先以渐法导之，后以顿法觉之。夫顿者，顿然觉悟；夫渐者，渐渐贯通。然此遣欲澄心者，渐法也；心静神清者，顿法也。而顿中渐，渐中顿，互相可知矣。夫儒教之渐法者，即是伦常之道，渐学渐知，渐知渐行，渐行渐明，愈明愈坚，愈坚愈诚，坚诚不变，理炁自凝，凝而不恃，大成乃化，道曰还虚，释曰解脱。然释教之顿法者，专言真如性理。夫真如不动，浑然太虚，而命寓其中矣。然其专言性理，性极则命复，命复则性者，可知性即是命，命即是性，其性命之道，实同出而异名。凡后学者，多不知三教圣人之心，是以分门别户，各立一家，而道家言儒释不明性命双修之理，而僧家言儒道不明禅机，而儒士辟佛老皆系异端，如是之纷纷，互相诽谤，皆系未达之人。焉知三教同出一源，三圣同印一心，不然则孔圣何问礼于老聃，又赞西方有圣人之言，斯可证矣。若曰不明性命，学庸何作，漏尽何名？若曰不明禅机，何言大觉，何言至诚前知？然文词不一，义理不二。而今之学道者，不明三教心法，犹其甚焉。开口论性命，逢人讲阴阳，究不知阴阳性命，果是何物。或以顽空为炼性，或以采取为结命，或以某窍为玄关，或以某穴作玄牝，种种异端，难以枚举，似是而非，犹有可原。惟有一种蛊毒之类，专自托言，已得圣教真传，可修最上大法，虽夜宿姣妻美妾，与道无妨，天时一至，自然成佛作祖。而一般无知愚人，贪其便宜，受其煽惑，而富者以金钱逢迎，置华美房产、膏腴良田，为师养身炼道，又置艳婢丽妾，以预宣淫，反曰还丹。唾唾唾，此等野狐邪秽之道，吾不知将加以何刑，谅天早预是刑诸。而贫者入斯道，犹为更难。遵以师祖，使以奴婢，分派四方，游行劝化，播扬真人出现。或曰弥勒转生，以愚惑愚，敛财以肥蛊首，以瞽引瞽，入于无限深坑。临死之际，犹恃师祖救命。若是者死不回头，良可慨也。又有一种绝尘教，克己伦常不讲，专以夫妇隔离，发誓永远，自能成道，云云。若是毒辣手段，独能斩禋绝嗣，但不知入斯道者之祖先，与该盲师有何冤孽，被灭其种族，断尽子孙。所幸者天有好生，未假其便，该道未得扩充，倘若兴通于天下，则世界之人种定为灭绝矣。呜呼！此两种邪道较旁门之毒，为更烈也。倘学者不辨真伪，不入此邪而入彼邪，以谓为学有益，而竟杀身亡家。夫圣道煌煌，何故甘履邪径？实因其欲未遣、心未澄也。吾愿后学之君子尊师取友，察其欲之遣否，心之澄否，可知真伪矣。吾非好言是非，以正传夹入杂言，惟恐后学者堕此妖邪圈套耳。或曰，若闻如是之说，戒色非是正道，好色又是邪道，将如何作为方是真道耶？吾曰，若如是之问，必不知三教圣人之心，经书之义，天理之公矣。夫天理之公者中，本不欺也，经书之义者，辨欺不欺之效也，致圣人之称者，因其心不自欺也。若不自欺，即是至诚。若能至诚，岂能好色？既不好色，色不戒而自戒矣。夫古圣之道，皆溯其源，岂由枝叶而求哉？苟不至诚，专以戒色为修，而害身心者，岂其色之一端耶？辟如人君尚德，万民法之，天下自治，亦能久远，斯王道者也。人君尚武，万民效之，天下强治，焉能长久，斯霸术也。夫人之修身者亦然，而心君泰然，百体从令，岂拘拘此一端耳。而修者亦不以不戒色为是，亦不可以专戒色为是，总以穷理尽性，义精仁熟为正宗，则心自澄、欲自遣矣。

能遣之者，

指能除欲澄心之人。

讲：以下皆言道之妙用，自然之效，由空来，仍还于空。

内观其心，心无其心，

内观其心者，返照灵明之心也。心无其心者，而灵明之心不可著于有相之心也。

讲：大凡求道之人，莫不心有所欲也。既有所欲，即失道心。道心先失，愈求愈远矣。夫远者非道远人也，而人自远道也，如是审之，岂由欲求而得哉？欲有所之，道心即灭，而道心惟微者，如是也。故古圣之教人，必先遣其欲，后照其心，遂曰内观其心，可知由外回，光返照其心。犹恐学人着于血肉之心，故曰心无其心，又可知是灵明之心，觉照灵明之心，而何心之有？故《金刚经》云，应无所往而生其心，同一义也。

外观其形，形无其形。

外观其形者，外照身形也。形无其形者，有身莫着于身也。

讲：上句言不着于心，此言不着于形，盖人在声色之中，以声色为我，而不知无声色是我。苟知无声色是我，则万缘脱解，清凉自生，烦恼何起，障碍何来？夫有烦恼障碍者，全未解脱色身也。若以色身为重，则至道不凝，怎曰复命还丹？故古圣云，苟不至德，至道不凝焉。然德者出于性天之正，非俗夫小惠、沽名之德也。夫斯德之名喻不一，《易经》喻龙，解为阳德，丹经喻命，又曰真阳，又曰天一真水，又曰玄关，千名万号，难以枚举，总不过其一也。天地无斯德不立，日月无斯德不明，万物无斯德不长，人无斯德不生。盖人之不能永生者，因背其德也。致背其德者，以生为生也。以生为生，是以求生。只因求生，而败其德。其德败尽，求生亦死。以死为死，故曰真死。真死之惨，源自声色。迷于声色，不能无形。以形为己，烦恼频生。烦恼稍动，阳德稍离。烦恼大动，阳德大离。烦恼不息，阳德远离。离而不回，此形乃死。人之死生，其机如此。贪生怕死，人所同情，而人只知怕死，而不知怕烦恼者，虽怕死而终必死。若怕烦恼不怕死者，而终免于死。夫烦恼之生，发于声色。觑破声色，形无其形。夫形者生于炁，而炁生于理。理之动者而炁发，炁之发者而成形。形之动者赖于炁，炁之灵者赖于理。理者天性也，炁者天命也，形者性命之舍也。同出而异名，只由动静分。夫真道者至简至易，全在洞悉，玄关认识主人。玄关者命之基也，主人者真如性也。若能识此真如本性，即能形无其形。若能形无其形，则玄关寓其中矣。玄关者有动有静，静者炁之回也，动者炁之发也。其炁一发，阳关乃举。举而知采，可立命基。夫采者须采其清，逆运三关。又有上下雀桥之危，采之得法，则金龟缩首，后天补足，此小周天之工完毕矣。此乃道教以术延命之工，有为之法也。若修者以此为是，固执不化，只可延年益寿，称为人仙，亦难避三灾之劫。而人在声色之中，修此有为之法尚易，而又难得其全旨也。妄耗精神，多出弊病，诚为易中之难。夫大周天之法，天人合体，理炁归一，形无其形，当会其意，得之最难，行之最易，一得永得，实无所得，识无所得，方为真得。有所识，无所得，太虚真空皆是我。若能踏碎太虚空，始见如来大尊者。噫！此铁馒头谁能咬得破？咳！若说难诚其难，千枝万叶怎寻源。若说易诚其易，千经万典不用记。夫大周天之工夫，即释教之最上乘也，儒教之明德真工也。明此明德者，即为得道。然明德者，不可作一解，不可分两用。明是明也，德是德也，统而言之，故曰明德。明是明不知其德，而德在其中矣，有是德不明是明，而终必明矣。夫明者难识也，德者难言也。天行其德，万物发生，君行其德，万国咸宁，人行其德，万脉流通。用此德者为明，所以明者体也，德者用也。明德全备，体用会极，已会其极，则成道矣。盖性命之论，出于丹经，丹经之真，莫过《参同》，《参同》之义，法于《易经》，《易经》之奥，发于天心，天心难言，借象乃云。后出丹经，象易象情。人近于象，厌故喜新，丹经叠出，修士丛生。修士虽多，成者几人？不成之故，执象泥文，不明天理，奇怪糊云，自立一家，设法网人，妄自高大，为师为尊，以假传假，误己误人，孽债收尽，定坠沉沦。为学君子，听吾师云。伦常先尽，实践实行。济人利物，克己精纯。私欲克尽，定能明心。明心见性，更要操存。其所操者，天理良心。千经万典，不外此心。欲修此心，公私辨明。大公无我，即是真人。怎曰修道，怎曰成神，秉公是道，至公是神。为学君子，乐见乐闻。不用妄想，自能出尘。吾若误尔，永堕沉沦。为辟邪正，忘记正文。外观其形，形无其形。既无其形，何曾有我？人我皆无，何及此公？此公之妙，难言难言。若知难言，便见无形。

远观其物，物无其物，

远观其物者，遥照万物也。物无其物者，照物之理，空物之质，不为物质所染也。

讲：夫物者，即天下飞潜动植之万物也。凡物之生成，莫不各具一理。然理者炁之初也，物者炁之成象，而炁之聚散，即物之生死。炁消则物象颓，炁尽则仍还于理。夫人穷其物之源出于炁，炁之源出于理。盖理者，无始无终，昭明今古，永远不灭。儒曰无极，亦曰天理，道曰玄之又玄，释曰真空妙有，以位称之曰上帝，曰造物，曰无源古佛，曰无生老母，无名天地之始，有名万物之母，合而言之，总成一佛一圣一真，散而言之，千真万圣，百千万亿佛同归一理。理之一动，真炁流通，散于万有，各得其生，故曰蠢动含灵，皆是佛性。如是详之，孰非佛子，孰非仙孙？夫人之不能成仙作佛者，惟其背天理也，着相也，不觉也，好奇也，循私也，故以天赋之真实，殉于私物也。若能穷物之理，溯物之源，能尽物之性，则能尽己之性矣。故儒书云，致知在格物。夫格物者，分开物之理炁也。非格物之阴质，博物之名色也。故朱子补《大学》五章云，即凡天下之物莫不有理，惟于理有未穷，故其知有不尽也。言物莫不有理者，言其莫不有天赋之性理也。未穷者，未穷其性理也。知有不尽者，言物之性理不穷，故其天理不能尽知也。而后学者，不知朱子本意，竟为误解，反诬朱子言格物，是博尽天下之物，出处名色之理，方能知至，此诬之甚矣。彼又自见一理，言其格者，格除、格出之意，必须除去物欲之累，方能清静无染，自然知致矣。然此理之论，似是而非，苟不能穷物之性理，即不能尽己之性理。若是性理不明，决难除物之累。夫除物欲之累，全在格物之功，而除物欲者，在格物之后矣。天理一明，物不除而自除矣。盖人之灵，受气拘物蔽之累，不易解脱，若非知天理之至，孰能轻财淡物？苟非知致之诚，而轻财淡物者，必有所之。或以贱而易贵，或以少而换多。夫不利于彼，孰肯舍于此？若以茫然无知，而竟除去物欲之累者，未之有也。以格物作除去物欲之解，岂其然乎？夫物无其物者，而理有其理也。知有其理，不蔽于物，远观无物，内观无心，外观无形，如是之观，无象有理，无不是理，混然天理，理即是我，我即是理，物来应之，物去已之，坦坦自如，荡荡无拘，声色货利，难识其机。

三者既悟，惟见于空。

三者心形物也，悟者悟其无生也。既然悟透，惟独见于朗朗真空也。

讲：实象可指，虚空难言。夫道之难言者，此义也。心无其心，内空也。形无其形，外空也。物无其物，远空也。此三空者合成一空，空无限量，无所不在，故曰大道。欲传此道，无有受主。欲受不传，因尔未悟。不悟亦传，奈难出口。勉强说出，又着诸有。惟着诸有，迷失真道。愈迷愈失，愈岔愈岐，真道失传，甚为可惜。陡然悟透，至简至易，不用财宝，不用气力，无不是我，何乐如之？操存省察，全在不欺。

观空亦空，空无所空。

观空亦空者，洞照于空，不可着于空也。空无所空者，将此不着于空之心，亦当消灭也。

讲：夫观空者，仍出有心。既有是心，空有所着。既有所着，而真空仍失矣。然虽观空，亦须空其观空之心也。既空其心，则空无所空矣。

所空既无，无无亦无。

所空既无者，系指空无所空之心已无矣。然又恐心着于无，而无无之心，亦须去净。

讲：盖有象易论，虚空难言，惟其难言，而真道不兴久矣。故道祖以弘仁悯世，愿众生早出苦海，而勉强立言，以传其真空妙有，无上之至道也。夫道者理之用也，真空者理之体也。然大藏无量之经典，亦不外此空之一字，而儒书万卷，岂出此一理乎？或曰，空何比一理也？吾曰，岂比之哉！而真空与理，原不二也，乃一体也。若言理非真空，曾见理有何形？以此无形，立天地之基，创世界之始，作古今之万事，以验乎兴衰，而不见其状，非空而何？夫如是之真空者，可向不可背也。其向者兴，其背者亡。则古今之兴衰，历历可考矣。然人不知真空之妙，则常有背理之行。若明真空是我，我是真理，以理应事，即为真道。事已之时，惟觉真空，与道合一，犹有何道之论哉？或曰：如是之论，皆系性工之理，非性命双修之道。虽然修成，亦是阴神灵鬼，不足为是。吾曰：只知其一，不知其二。夫性命双修之论，出自丹经，而三教古经，无此性命双修之论。虽无其论，实有此理。今有此论，而失其理也。惟《中庸》言其天命之谓性者，亦非言性是性，命是命也。乃言天命赋于人者，即谓之性也。然天命者，原纯阳也。散之于周身内外，则知觉运动备焉，施之于后天五脏，则喜怒哀乐生焉，而天命之真阳如是之施散，则失本来矣。由阳而化阴，是以谓之性也。然天命之真阳发散，则又谓之炁也。其炁之发，仍连于性，仍合于天，而炁属阳，含于周身。其身者阴质也，统含其阳，外阴而内阳，故曰坎中满也。其天命真阳以施散而失其中矣，外阳而内阴，故曰离中虚也。离属火也，坎属水也，火上而水下，故曰火水未济。火炎上则思虑不绝，水润下则淫情恒生，此乃凡夫任其顺行，纵欲肆淫之道。若修士则逆传枢机，权握造化，由凡而圣也。以丹经论之，言其炼精化炁，炼炁化神。然炼精者，非炼其有形之浊精也，乃系静极阳生之炁，迫于阳关之精华也。采之仍还于炁，故曰炼精化炁。然此炁者，非呼吸之气也，乃先天之真炁。此炁不散，曰立命基。夫炼炁化神者，专以心静神清，情欲不扰，而炁自回矣。又曰复命，又曰取坎填离。炁与神合，神与炁合，久而不散，故曰性命双修耳。何尝有单修性，单修命之说？然真修者，修性即是修命，修命即是修性，何也？譬如各道门修命之工，采药归炉，药产之时，即是一阳来复，又曰正子时，总然知采。若不明真如性理，采之可致何地乎？或以意领，或以手采，引过下雀桥，再过尾闾夹脊、玉枕泥丸，上雀桥，下十二重楼，归于黄庭。若无真阴相合，如男子入于空室，岂能久居？竟遂得遂失，且不致生意外之病。设若从前部气海等处引采，则大有危险，引起冲脉上逆，恐成难治之病。学者当自警之，不可误作误为也。以上所论，皆系有阳无阴，徒炼无成，而道门中以此为独得真传，究不知未得修真全旨也。然全旨者，总以识得活子时，认的真如性，方能贯通《金刚》、《道德》、《周易》、《学》、《庸》等经之正理也。不然则何曰性命双修？惟古经之文，专言性理，则命寓其中矣。丹欲言命，恐学者执为两端，以生其惑耳。而人心好奇，以此庸常圣道，学为不足，行惮其艰，于是不合其私意，仍有成圣成佛之贪，揣之成圣成佛之法，定然另有机秘真传，若说不秘，己何不知，但未知自己贤与不贤耳。夫此圣道君子行之至易，小人行之极难。然天下君子有几，于是圣道失之久矣。而后成之得道仙真，一片婆心，为后学者不明，无奈只得将道之义，借象演之，故有性命双修之论。而后学者，竟多有作为两端，仍是执象泥文，不明性理。苟有明人，演此真空妙理，以觉学者真性，而竟敢诬为不知命工，空言性理，虽修成亦是阴神耳。若如是之说，则三教圣人，专言性理，未闻有性命双修之论，莫非皆是阴神乎？或曰，三教圣人，岂能全露天机耶？吾曰不然。若如是之说，实不知三教圣人之心也。盖古圣仙佛之心，大公无我，皆愿人早证无上菩提，焉有含而不露，以昧人者也。夫千经万卷，反复横竖详论，犹恐人不明，而人之不明者，是自昧也。常以私心窥度，媚佛以邀将来之福，何能贯通大道？岂不闻孔圣有云，二三子以我为隐乎？吾无隐乎尔。吾无行而不与二三子者，是丘也。而孔圣立此言，亦因彼时之弟子，多有不明者，常怀夫子有吝传之意，故夫子自明其心以解其妄也。故圣人之立教，全以三纲五常、五伦八德之工，不言性命双修，而双修正寓其中矣。辟如仁之一字，为万善之首，其功全在克尽私欲，方为造到。苟能私欲尽净，则天理流行，与道教之神清炁回，同一义耳。夫此真炁者，非义精仁熟，而不能摄，稍有私欲，其炁随欲而化。盖此炁者，道曰玄关，又曰活子时，儒曰浩然之炁，《易》喻曰龙，释曰金刚，又曰舍利。若能与神相抱不离，即曰金丹，又曰复命，又曰性命双修。然其炁惟无象而难认，惟无状而难言，故千真万圣，费尽无限婆心，留下千经万卷，惟愿凡夫同明此造化全功之真炁也。故立言不一，为因时因人而教，岂可一味固执？夫阴神者，实有此理，系明其觉性，不肯克己，常为私欲所牵，因德而执德者，故为阴神。必以因而定果，若无是德，而有觉者，名曰阴灵。不能久持，仍随缘而脱化，此之谓阴神阴灵也。岂可一批而论哉！或由若以如是之说，则丹经所论，采药烧丹，入炉封固，十月怀胎，三年乳哺，皆妄诞之言乎？吾曰不然。夫结丹怀胎乳哺之论，有是义，亦有是兆，然其兆由炁所凝，而炁之凝，由神之清，神之清由志之诚，志之诚由心不欺，心不欺由觉性明，觉性明由穷于理，理之穷由好学也。故顺逆之发，莫不有源。然此结丹等兆，虽由诚心所致，亦由诚之中有此结丹等念，故有是兆也。此兆虽有，亦不可执着，仍须炼神还虚之工，再炼虚方能合道。可知前之所炼，固非至道矣。故人之所好，心有所之，所之至诚，故有是兆。是兆由诚所感，亦未造其极也。故三教圣经，不重于此，直达其所，以觉后学，而后学者，仍迷不悟也。竟着于性命炼丹之工，则以五伦八德之真理，作为别论，吾故为之辨耳。而今之修士，或多阅几卷丹经，以为独得之奇，时常高谈阔论，亦许展才编作，批评注解，究不知古圣之心，而竟枉费精神，犹是狗尾续貂，自是以惑人也。又有一等成神之心最切者，而不作神圣之事，亦不存神圣之心，误受伪师之传，昼夜盲修瞎炼，亦许耳目失常，亦许肚大体羸，亦许气逆，亦许疯颠，如是受害，仍然不悟，自陷引他，良可叹也。皆由气质之心不化，故好气质之习，以气质而迫气质，致气质而失其常，故生其病也。即如修丹，虽得真诀，若夹杂念，采其药而药亦难留，遂采遂散，终成阴灵之鬼，岂皆阳神乎？若不知修丹者，只能克欲纯仁，虽不知采，而药自采矣。不但自采，而且永结不散，虽无修丹之名，亦是阳神，岂皆阴神乎？或曰阳生不知采，遂时而散，怎曰阳神乎？吾曰此论者，只知正子时不知活子时也。岂不闻武圣乎？在尘时只知有忠义，不知有身家，只分是非，不知利害，秉公无私，是以浩炁参天，不知修丹，而丹已成矣，惟不自知耳。故脱尘后，神炁不散，借普师之点，顿然大觉，不亦阳神乎？故修丹者，亦养此浩然之炁也。焉敢稍夹杂念？而丹经亦以杂念为大病也。未闻有怀私欲结丹而成仙者也。吾望修士自审其心，有私欲乎，无私欲乎，不可掩耳盗铃，自哄自误，以执其作做之法也。故《金刚经》云，一切有为法如梦幻泡影，可为明证矣。故道祖立此言曰，无无亦无，灭尽诸有，而私欲由何能生，而修士何不悟哉！

无无既无，湛然常寂。

无无既无者，而虚无之心，既然消除矣。湛然者清之至也，然者合乎当也，常者不返复也，寂者静之极也。惟无相方合真空，乃成大道。而人心不觉真空，妄求真空，仍着相而不空，必须由空推至无，由无推至无无，而无其无无之心，再为消化，始能湛然清虚，寂然安静，而不失其常矣。

讲：夫道者至简至易，极其庸常，而人返求乎难，故自背其道矣。而古圣化人，欲指其易，而反致其难，恐着于难，而仍失于易。此经立言，专指虚无真空，而后学不知其易者，仍是茫然无知。若问果是何义，古经云，身在大海休觅水，月照幽溪见真禅。

寂无所寂，欲岂能生。

静之极而无可再加，其六欲自然不生矣。

讲：欲遣其欲，先静其心。静心之法，赖于悟空。夫空者，不悟而难明。既明真空，心不静而自静。静极而安，寂无所寂矣。则六欲不防其生，而自不生矣。

欲既不生，即是真静。

六欲既然不生，即是真静之德。

讲：夫清静之理，必先静而后清。欲留其阳，先养其阴。阴求阳易，阳求阴难。贵阳而贱阴，阳多必亢，致乱其常。然其阳者，岂勉强独留之物也哉？故三教圣人立言，专在明心见性，而命在其中矣。故此经之精义，先明清静之理，中言真静之基，后发清静合一，自然之理也。譬如瓶贮浊水，久静自清，清从何来？由静而生。静者阴之德，清者阳之德，其阴阳之德，本一体而两用，岂可分为两相也。有是静必有是清，不能静而得清者，未之有也。不养性而复命者，未之有也。不克己而成道者，未之有也。吾尝见妄想神仙者，偶得采药之法，昼修夜炼，忘寝废餐，其一片辛苦，实属可嘉，其奈未得其宜，何也？而成神之心过重，有是心而妄念生，妄念生而真炁耗，真炁先耗，其神怎成？吾望修士，淡尽人情事先克己，克己纯熟，私欲尽净，方符真静之旨也。

真常应物，真常得性。

真常者，五常之纯粹合一也。应物者，交接天下之万事万物也。真常得性者，由应万物而得尽其性也。

讲：夫此真常者，用之则仁义礼智信也，收之则天性真如也。应天下之万物，而不被其蔽；应天下之万事，而不被其染，如是则得尽其性矣。故孔圣云，无适也，无莫也，义之与比，同一义也。事之多端，惟义是从，何碍之有，非真常而何哉！

常应常静，常清静矣。

常应常静者，事来则以当然之理应之，事去则以理遣而已之，而常得其无为清静矣。

讲：先以六欲不生，而推至真静，以真静又推至常应常静，始得其常清静矣。足见其性尽，而命自复矣。夫静者真阴也，真性也，清者真阳也，真命也。若能以真性应物不迷，而神自清，炁自回，丹自结矣。即如水之清者，始于静。其清者曰湛，曰洁，曰净，仍是水也。其分别者，亦不过清浊耳。而人之性命神炁，亦如是也。性迷则神昏，性觉则神清，神清则炁回，炁回则命结，命结即是结丹也。吾恐学者，误走旁门，故为如是之辨也。上士闻之，心心相印，中士闻之，半信半疑，下士闻之，必以此论为不知性命真诀，吾再无可为之辨矣。大凡详论道理，讲阴而未讲阳，则阳在其中矣，讲命而不讲性，而性在其中矣。苟知阴阳性命、清浊动静之细理，原系一体，难以分别，则道可明矣。

如此清静，渐入真道。

如此清静者，承上句而言。渐入真道者，不思而得也。

讲：如此之清静，岂有假作之修为，故渐静而渐清，渐清静，而渐入真道之妙境矣。

既入真道，名为得道。

既然入其真空妙道，一无所得，亦难名状，故强起名，曰得道耳。

讲：夫言其入真道者，亦勉强也，非出彼而入此也，乃出迷而入觉也，出于私而入于公也，去人心之险而复见道心之微也。解脱烦恼，而得其清凉，离此岸而到彼岸也。本无所入，方是真入，故起名曰得道也。

虽名得道，实无所得。

虽然起名曰得道，不可着于得也，情实本无所得之故。

讲：夫人欲辨道之真伪者，自察其所学之道，果有所得否，可知真伪矣。凡可口陈指画者，皆系引人明道之法也，非是道也。凡得真道者，皆系穷尽其理，而后觉悟，再得明人指点以证之，两心相印，洞悉天机，虽名为得，非由外而得来，非由内而得来，因人传点，见己之本来也。虽名有得，实无所得也。学道何不悟之？果能口陈于外，笔记于书，不用参悟，而能授受可得者，则古圣仙佛，早即授人矣。令天下众生，同证大道，方遂古圣之心愿也，焉有嫉妒，隐而不露者乎？若云经书所载，历有所传，何曰无得？岂不知此系引人明道见性之法也。若比较古圣仙佛所传见性之诸法，最妥最快者，莫如抱守三纲五常、五伦八德，以尽其职也。进一层明一层，觉一层得一层，何其稳当也。奈于世人好异，鄙其平常，又与私心反对，故不学也。呜呼！真道因此失之久矣。

为化众生，名为得道。

为化众生，因众生之习性所知者以导之，而众生所好者，莫如得其所欲，故以明道，而为得道也。

讲：夫人之所欲者，莫如长生不死，而好长生之因，因贪天下之物，则迷失觉性真如。仙佛施悯，为启其迷，以正贪而易其偏贪也。正贫再无，则生死关开，生死不关，则何贪之有？一无所得，名为得道。

能悟之者，可传真道。

能悟者，指悟其道也。传真道者，两相授受真传，犹赖于悟也。而不悟者，岂能得道，岂能传道也哉！

讲：夫得道之机，实出于悟，不悟而得者，未之有也。然悟者，亦须有法，故古圣仙佛，历有讲经说法之旨，因听经闻法，可致言下见性也。

太上老君曰：

道祖之立言，先指大道之能，次言大道之形，次言人与道同，次言向道之效，次言背道之因，次言持道之果，次言行道，次言不能行道之由，次言渐渐入道之妙。此节之下，乃诫人不可背道之常，其末又言道由悟而得。

上士无争，下士好争。

上士者明人也，下士者愚人也，争者与让相反也。其明智之人，尚德性而淡声色，故有自如之□□□□养德也，而昏愚之人，只知有声色名利，不知德性是何物，故争其声色货利，而竟失其德也。

讲：夫明智之上士，欲有所之，先溯其源，其争与不争，各有得失之利弊也。争者失之本，让者得之根。凡人之好事者而人必以争相御之，因其御则争不遂，再设专争之谋而更危矣。苟立其谋，则争之名著矣。有好争之名，致引群争相攻，一己之争，焉御群争？虽不肯让，受其迫仍归让于他人，甘受其辱，空败其德，而明智之上士不为也。然上士者，专养其德，以德让人，而人必以让还之。虽受其辱，仍忍让之，久行有感，德能服人，德声一振，群皆仰之，不争而已得服其心矣。此非争让互相之得失乎？其阴阳消长、成破利害，莫不各有其机，苟能详审，道可明矣。故曰欲高之，先卑之，高由卑起，终必固欲，速其高，终必卑。欲吹之，先吸之，吹方得力。欲明之，先暗之，暗极则明。顺其自然，事可处，道可修矣。

上德不德，下德执德。

德乃性中之理，若有所执，即落彼此两相也。其执与不执，可分上下矣。

讲：夫上德者而德已足，犹不知以为德，故德常著矣。其德常著，独露天真，乃与天地合参矣。苟有所执，即属后天。后天之为，皆有所向。既有所向，即是着相。即着其相，焉能大而化之，故有上下霄壤之别也。

执著之者，不名道德。

承上句相因而来，其道德不明者，因有所着也。

讲：凡人之作德，心有所为，必有所贪，既有所贪，而觉性已迷，何德之有？故大德必得其位禄名寿之享者，乃德之验也。其验与不验，关乎德之执与不执。若以作德专执名位之享，则恐不验，若不执于所享，则必有是享。其世界之享，犹有不足，则还有无限之大享受也。然以德为德者，何不戒哉！

众生所以不得真道者，为有妄心。

众生者，指天下众人也。真道者，本然之天理也。妄心者，括言七情六欲也。

讲：夫妄心一生，真道即泯，妄心一灭，真道即生，故曰人心惟危，道心惟微。盖人心道心，本不二也。所分者，只在染与不染也。其凡圣者，即如是而分也。而修士何不去其妄心也哉！

既有妄心，即惊其神。

既然有其妄想之心，则神即不安，逐妄而驰矣。

讲：神即是心，心即神也，借两端之名，以分是非也。夫人有其妄心者，欲未遣也，理未明也。心无主章，随妄而驰，神驰则炁散，散尽则死。然修士欲其不死，可自问其心有妄无妄，即知死与不死矣。

既惊其神，即着万物。

惊者惊走也，惊走其神，而驰于外也。神既外驰，即着诸有，则受万物所使也。

既着万物，即生贪求。

既然着于万物，而贪得之心，遂即生焉。

讲：因有贪得之心，而着万物，因着万物，始有贪得之心，此两端本乎一派，若去一相，则两相皆无。无有贪求，自不着物。若不着物，自无贪求。若无贪求，自合真道矣。

既生贪求，即是烦恼。

既生贪求之心，则烦恼寓其中矣。

讲：夫贪者之苦，犹过于求，而求者不贫，能有几人？盖求者不贪，烦恼有限，因贪而求，烦恼无已。然贪者，求之已得，仍欲多求，多求无厌，有得有失，得之烦劳，失之恼恨，可知贪求，即是烦恼矣。

烦恼妄想，忧苦身心。

烦恼足坏元性，妄想有伤元神。忧其心，苦其身，身心忧苦，由烦恼妄想而致，元性元神能无损伤乎？

讲：盖人之烦恼者，有发有止，惟妄想而常无已时。烦恼发作，多有声色，人多知觉，故多有戒止之心。其妄想无形，则常不自知，随其所肆，而身心受其累，则忧苦无尽。然忧苦难任，则烦恼频生。溯其烦恼之源，出于妄想。而妄想者，寔系碍道之贼。欲修其道，先除妄想。妄想既除，身心清静。既然清静，烦恼何生？烦恼若无，庶几明道。若能明道，烦恼亦消。二者能一，可成道矣。

便遭浊辱，流浪生死。

便遭者，容易遭遇也。浊者三毒□□五浊凡形也。辱者，下贱之流也。

讲：此两句承烦恼妄想而来，盖人之祸福贵聪，莫不自招。今受是果，必前有是。因此言浊辱实由烦恼妄想招来。不浊者不死，不贪者不辱。盖清者，不生不灭，不荣不辱。凡人之妄想皆从有相而生。有相者因未空，未空者因未悟。未悟者即不觉，不觉者以何空？而有相无相，在空与不空，而空与不空，在觉与不觉。此觉之一字，即三教之薪传也。故释曰圆觉，道曰大觉，儒曰明德。若能明，谓之得道，若能觉，亦谓之得道。自省觉与未觉便知真道伪道，何可掩耳盗铃，自装作以为道耶？夫道者明觉也，若能明觉，焉能遭浊辱，而流浪生死也。夫生死者，有两层，若能分明两层，则道将明矣。有生中之生，有死中之死；有生中之死，有死中之生。而生中之生者，是在生时悟觉真空，身亦活而性亦活，故曰生中之生也。死中之死者，系人临死之际，难舍尘世之物，手忙脚蹬，不知所之，而身既死，性已死矣，故曰死中之死也。生中之死者，是在生之人，不觉真空自性，以多货利为荣，身在为生，竟不知真性已泯，故曰生中之死也。死中之生者，在生了悟真性，临死自如而归，不以死为死，故曰死中之生也。以上四条，只系两端，生是死之本，死是生之根。为人之以有身为生，以亡身为死，故曰永死，由是流浪生死也。若能辨明觉性为生，迷性为死，则能永生不堕生死矣。夫人之学道者，打开生死关，方能了道。其了道之机，在辨清浊。其清者真如觉性也，其浊者五浊凡形也。真如觉性无声无臭，应万有而无形，俗人难识。五浊凡形，有色有相搬运万物，非其所能，而庸夫易识。故真修之士，贵清而贱浊。清者无象，故无生无死。浊者有形，故有死有生。其生死之机，乃自然之道，其分晰只在觉与迷也。故曰屠夫丢刀，立地成佛，何其速也，而觉之速也。尝见苦修不息，一世无成，何其迟也，而觉之迟也。由是思之，不悟者至艰至难，得悟者至简至易，故孔圣曰，朝闻道夕死可矣，同简易之意义也。夫人之一体，有清有浊，由自取也。贵清者，虽死亦生贵，浊者虽生亦死。清者有权，浊者无权，故烛而不自由，是以流浪生死也。

常沉苦海，永失真道。

常沉者，永堕沉沦而不知返也。苦海者，苦之无边无尽也。永失真道者，自性迷真也。

讲：此二句亦由上句推来。盖人之常沉苦海者，只因逐妄迷真，则无时不苦也。普观天下之人，不苦者其孰欤？然人之人关，得失两端，苦于得又苦于失，常失常得，苦无已矣。若得失不相关，何苦之有？其不相关者，非大觉其孰能之？故经云苦海无边，回头是岸。无边之苦，若脱之时，又如是之速也，只在回头耳。前途得失，茫茫无已，回头望月，体苦清虚，即是真道，何荣如之！乐道无倦，真道何失？不失真道，苦由何拘？此苦乐之机易犹反掌，而人何不脱苦以乐道耶！

真常之道，悟者自得。得悟道者，常清静矣。

真常者，是觉性真如常昭不灭也。之道者，指其真如即是真道，除此之外，再无别道也。悟者自得者，指其能悟之人，仍自得也，非从外来所与之也。得悟道者，言得悟其道之人，而悟有所得，自能常清静矣。

讲：夫清静者为一卷经之大主脑也。然此清静本乎自然，非勉强作做之可为也。清者清阳之炁，活子时也。静者真阴之神，活午时也。此活子午真阴阳，喻了千名万号，亦不出此二端也。此子午者，为十二时之纲领，子为六阳之首，午为六阴之首。如子时之过，其下五阳当值，其五阳之内，仍有子炁相含。其午时之义，亦然也。虽交午时，而午炁生于内，其外仍系子阳之炁相含，故曰离中虚也。虽交子时，而子生于内，其外仍系午阴之炁相含，故曰坎中满也。虽十二时，仍归子午，虽有子午之分，其二炁仍循环相连，虽言是二，仍是一也。其清静性命阴阳之理，同一义也。岂有性是性，命是命，阴是阴，阳是阳，清是清，静是静，分作两端之论耶？为道难言，分而论之，所论之义，为觉学人。因不明其义，则细而详之，愈详愈多，愈多愈乱，而学仍难明。再加后出之假道狐禅，图骗供养，妄谈空玄，或者注经，或者留卷，自崇为师，自陷陷人，如是纷纷，而真道更难明矣。故道祖弘仁久蕴，发婆心以觉后人，故著此清静一经，以人之易知易明者，而详其道之精义也。俾人同明觉性，所以未杂一言假象，全以真理推之，由清静始，亦由清静终，可知此一卷真经，只清静二字矣。其清由静生，静由真觉，真觉由悟，如是之推，此经何尝有字，可称无字经矣。而悟者必须先有眼力考察真师良友，时谈性理，陡然言下见性，即为觉悟真空。再就有道而正焉，彼此心心相印，大觉无疑，即为得诀，又为两相授受之薪传者也。是经之注，专为升堂入室者观，其门外汉必不为然。

诗曰：

所注真经少妙玄，意凭先觉觉后贤。
伦常日用从中取，清静工夫要细研。

跋

人之所以不明夫道者，大抵皆为物蔽欲累之也。夫物欲岂能蔽人累人哉？亦以人之纵情恣欲，逐妄迷真，甘为之蔽，甘为之累耳。老子甚为悯之，不忍坐视，于是作此清静一经，以指破人之迷途，使共登于觉路。其所以救世之心深且至矣。无如世人不知细玩，每至弁髦弃之，因是求道者多，明道者少，甚可惜也。今汶水居士深窥奥妙，洞悉精微，知是经为超凡之要路，入圣之阶梯，遂详为注解，逐字必使分明，细为讲求精义，务使透显，言皆浅近，愚夫愚妇亦能明理，则渊涵大圣大贤莫能外。究尽性命天人之奥，不出伦理日用之常。此注一出，洵如时雨之降临，万物涣然一新也。不诚为世界一大幸福乎？后之学者遵而行之，将亦步亦趋，可直达圣贤之域矣。又何有物蔽欲累之耶！书成至于三年，又复翻印，命叙于余，以列编尾。余不敢违，但愧学浅识卑，言难尽当，望大雅恕之。

时中华民国三年甲寅孟夏中浣

河间桥西居士柳艺林敬跋

附诗五首

王凤声

其一

太上婆心本至仁，经垂清静万年新。

自从说破先天道，唤醒尘寰多少人。

其二

世人谁不怕无常，常怕无常忘有常。

时以五常临万事，自然造入圣贤乡。

其三

先天大道岂难明，惟使人心刻刻清。

让国伯夷垂德化，却金杨震断贪情。

仁征甘露千霄降，瑞兆黄河万里澄。

三教薪传无二法，理圆欲净赴瑶京。

其四

儒言天理佛谈空，入手时时用静工。

孤月云开光普遍，千军鼎沸意和融。

道通有象有名外，德溢无声无臭中。

断绝妄心为妙诀，自然凿破窍洪蒙。

其五

清静真经太上书，劝人明善复其初。

上乘正教伦常尽，下手纯工毒欲除。

累德自然开觉路，观空即是指南车。

怜他种种旁门客，大道何时得悟诸。

附七律诗二首

柳艺林

其一

除却日用伦常事，余剩红尘一概抛。
休要矫揉同造柳，惟防闭塞尽芰茅。
无牵无挂鱼潜水，忘虑忘忧乌入巢。
雨歇风停云乍敛，一轮明月上松梢。

其二

造成至道却非难，清静真工细细研。
万虑皆空明大我，一尘不染见真禅。
风来水面波微动，月到天心影正圆。
参透个中深意味，即为世上大罗仙。

太上老君说常清静真经

八洞仙祖合注

天地之道，恒久而不已。君子法天行之健，亦用是自强而不息。《中庸》引《诗》，既曰於穆不已，又引文德之纯，曰纯亦不已。若此者，皆发明《太上清静经》一个常字。人患无常，倘少杂，不克常自清净，终不得为清静也。

老君曰：大道无形，生育天地。大道无情，运行日月。大道无名，长养万物。吾不知其名，强名曰道。

两仪奠定，而后天地之位立矣。天地有形者也，而生是天地者，却自无形。无形者何？道也。自乌兔代嬗而出，日月之运见矣。日月有情者也，而生是日月者，却自无情。无情者何？道也。自是而品物流形，有知无知，长养于天地日月中者，物之数号万矣。物皆有名者也，而生是万物者，亦自无名。无名者何？道也。是道也，其名何昉乎？曰无所昉也，亦第模拟仿佛强为名之曰道而已矣。

夫道者，有清有浊，有动有静。天清地浊，天动地静。男清女浊，男动女静。降本流末，而生万物。

自有天地万物以来，清浊动静之分昭然若揭矣。而不知其清浊动静，固自大道中来。惟道有清浊动静，斯敦化而川流于以各具道之一体，而分形著见。如天则得道之清而清也，地则得道之浊而浊也。而男象天则禀天之清者，实本道之清。女象地则禀地之浊者，实本道之浊。而或动以直，或静以翕，天地男女亦罔不适肖乎道。道非天地男女之大范围也乎！故既有天地则生男女，既有男女则生万物，是一本而散为万殊者也。

清者浊之源，动者静之基。人能常清静，天地悉皆归。

夫以天地之大，男女之繁，而皆不出乎清浊动静之外，则是清浊动静乌容不穷其旨哉？清与浊相反，迨由清而浊，不见为清矣。要其所以清者固自在也。浊激则仍清，清固浊之源也。动与静相反，迨动极而静，不见其动矣。要其所以动者本根于静也。动而无动，犹是静而无静也。此动所以为静之基也。人特患不能清静耳。即能清而不能常守，能静而不能常贞终，不得谓之清静，即不得谓之常清静也。果其能之，则配天地而无疆矣，两大有不归之也哉！

夫人神好清而心扰之，人心好静而欲牵之。常能遣其欲而心自静，澄其心而神自清，自然六欲不生，三毒消灭。

是清静也，领于谷神，而持于无心者也。神未尝不好清，而妄心扰之，则神不胜妄矣。心好静而私欲牵之，则心不胜私矣。邪正不两立，固自彰彰。若是果能遣其私欲之滋，澄其本心之明，而心罔有不静，神罔有不清。维彼六欲三毒，各自消灭，而无或萌蘖之窃发矣。

所以不能者，为心未澄、欲未遣也。能遣之者，内观其心，心无其心，外观其形，形无其形，远观其物，物无其物。

此亦人人共能之事，而众生所以不能者，心未之澄、欲未之遣也。惟心不澄，则从心生形，从心生物，而妄心竟起，不可究诘。是皆有心之见者存，而心遂相牵于胡底？于此而有能遣之者，不惟外观远观，无形无物，即内观其心，而亦心无其心。心且无矣，亦何有形与物哉！

三者既悟，惟见于空。观空亦空，空无所空。所空既无，无无亦无。无无既无，湛然常寂。

夫无心因以无形而无物，一朝顿悟，万象皆空，谓之三者见空可也。不仅三者见空，其亦可也。夫于实处见空，而遂执以为空，则犹有空之所也。有空之所尚非真空，惟空无所空，则虽在空中，并不知其为空，则是所谓无也。而要之无无亦无，犹是空无所空，则第湛然常寂也云尔。

寂无所寂，欲岂能生。欲既不生，即是真静。真常应物，真常得性。常应常静，常清静矣。

迨至寂亦无所寂，则吾心即天之心、地之心，亦即道之心矣。道本浑浑噩噩，不可名有，亦不可名无者也。心印乎道，欲亦何自生乎？欲即不生，即是真清而道静矣。惟真则可以应酬乎万物，亦惟真则可以自得其本性，而再矢之以常，岂不常清而常静也哉！

如此清静，渐入真道。既入真道，名为得道。虽名得道，实无所得。为化众生，名为得道。能悟之者，可传圣道。

夫道本清静者也，我既如此清静，则可以渐入乎真道矣。入道即可以名得道矣。然便谓之得，则尚非空无所空，寂无所寂，无无亦无之道也。故虽名得道，而实无得之之所。本不可以言得，乃以化众生。而不以实有所得诱之，彼众生安肯向清静路上来？则不得不以得道名之也。世人能悟到此，岂不可以传圣道乎哉？

老君曰：上士无争，下士好争。上德不德，下德执德。执著之者，不名道德。

道在清静如是，知之者欲得乎道，而耻不得乎道，于是乎争心起焉。偶或得之，则拳拳执持而弗敢失。争之执之似也。然此下士之所为，而上士不出此也。上士则无争，而德不德矣。总之道无定方于此而寓于彼，而寓清者道也，浊者亦道，静者道也，动者亦道。人能看得大道圆通，方可头头见道，而无取乎执著为也。若执著之，则不名道德矣。此无起执著，天经所以致儆于断障也夫！

众生所以不得真道者，为有妄心。既有妄心，即惊其神。

既惊其神，即著万物。既著万物，即生贪求。既生贪求，即是烦恼。烦恼妄想，忧苦身心。便遭浊辱，流浪生死。常沉苦海，永失真道。

执著之见固不可有，而虚妄之心尤不可萌。一有妄心，则神出乎舍，惊而弗得宁矣。神惊而弗宁，则物交物，而纷华靡丽比比相著，而贪求之念自不能已。追求之弗得，烦恼丛生，而身心皆为之忧苦。于是乎清者全沦于浊中，而不惊其宠，辄遭其辱，以致流浪生死，常沉滞夫苦海，永失乎真道，是可哀矣。

真常之道，悟者自得。得悟道者，常清静矣。

第是真道也，清为真清，静为真静，而得之者，断未有不自能悟来。果能悟得这个道，空而无空，寂而无寂，则亦清而无清，静而无静矣。夫何有不常清常静而为荷道之伟人也哉！甚矣，太上此篇《清静》之言固与《道德经》相表里者也。至矣，蔑以加矣。

于是八洞仙祖相与共订真经秘髓，复敬为总注曰：道本无，何有形，何有情，又何有名？形无则真空见，情无则妄念捐，名无则万缘息。无诸系滞，自无贪求。无或贪求，自无烦恼。不生动隙，夫安有动？不著浊根，夫安有浊？即浊是清，即动是静。静而无静，斯为真静。清而无清，斯为真清。盖空以无所空为空，寂以无所寂为寂，方能化去执著，悟入元关。一滞声色，迷惑有无，是心是身，焉得清静？

八祖既指陈秘要，又复共赓以咏叹之曰：心心心，果有心，究何心？身身身，果有身，究何身？是心道之心，道之心曰无心。是身道之身，道之身曰无身。无身而身静，无心而心清。身心清静而无形，以还大道之无形。身心清静而无清，以还大道之无情。身心清静而无名，以还大道之无名。是为清静之传灯。

仙翁葛祖曰：吾得真道，曾诵此经万遍。此经是天人所习，不传下士。吾昔受之于东华帝君，东华帝君受之于金关帝君，金关帝君受之于西王母。以上皆系口口相传，不记文字。吾今于世书而录之。上士悟之，升为天官；中士修之，南宫列仙；下士得之，在世长年，游行三界，升入金门。

左元真人曰：学道之士，持诵此经者，即得十天善神拥护其身。然后玉符保神，金液炼形。形神俱妙，与道合真。

正一真人曰：人家有此经，悟解之者，灾障不干，众圣护门。神升上界，朝拜高尊。功满德就，相感帝君。诵持不退，身腾紫云。常清常静，天尊三称。

底本出处表

书名	作者	底本出处
太上老君说常清静经注	元·李道纯	《正统道藏》
太上老君说常清静经注	无名氏	《正统道藏》
太上老君说常清静经注	元·王元晖	《正统道藏》
太上老君说常清静经注	金·候善渊	《正统道藏》
太上老君说常清静经注	唐·杜光庭	《正统道藏》
太上老君说常清静妙经纂图解注	元·王　玠	《正统道藏》
太上老君说常清静经颂注	金·刘通微	《正统道藏》
清净经解	唐·吕纯阳	《道藏精华》
太上清静经	上阳处士	《道书一贯》
清静经图注	水精子	清同治十一年余明善重刻本
清静经原旨	汶水居士	《藏外道书》
太上老君说常清静真经	八洞仙祖	《重刊道藏辑要》